Pasta

Parragon

Bath · New York · Singapore · Hong Kong · Cologne · Delhi · Melbourne

Parragon Books Ltd
Queen Street House
4 Queen Street
Bath BA1 1HE, UK

Satz: Birgit Beyer
Redaktion: Ralph Henry Fischer
Koordination: trans texas publishing, Köln

ISBN 987-1-4075-0391-2

Printed in China

HINWEIS

Sind Zutaten in Löffelmengen angegeben, ist immer ein gestrichener Löffel gemeint. Ein Teelöffel entspricht 5 ml, ein Esslöffel 15 ml. Sofern nichts anderes angegeben ist, wird Vollmilch (3,5 % Fett) verwendet. Bei Eiern und einzelnen Gemüsesorten, z. B. Kartoffeln, verwenden Sie mittelgroße Exemplare. Pfeffer sollte stets frisch gemahlen sein. Sofern die Schale von Zitrusfrüchten benötigt wird, verwenden Sie unbedingt unbehandelte Früchte.

Kinder, ältere Menschen, Schwangere, Kranke und Rekonvaleszenten sollten auf Gerichte mit rohen oder nur leicht gegarten Eiern verzichten.

Inhalt

Einführung

Pasta, Teigwaren, Nudeln – das sind verschiedene Bezeichnungen für ein Grundnahrungsmittel, das man in Europa in der einen oder anderen Form schon seit der Zeit des Römischen Reichs kennt, und das bis heute zu den vielseitigsten Zutaten der Kochkunst gehört. Man kann Pasta mit Fleisch oder Fisch, Gemüse oder Obst kombinieren – selbst mit simplen Kräuterzubereitungen ist sie unwiderstehlich. Ein Vorrat an Trockennudeln, die sich mit ein paar anderen lagerfähigen Zutaten innerhalb weniger Minuten in eine delikate und nahrhafte Mahlzeit verwandeln lassen, darf in keiner Küche fehlen.

Pasta aus Hartweizengrieß enthält wertvolle Kohlenhydrate und Proteine und ist ein ausgezeichneter und preiswerter Energielieferant.

Es gibt eine unüberschaubare Vielfalt an Pastasorten, die meisten davon sowohl in getrockneter als auch in frischer Form. Wenn Sie nicht gerade ein italienisches Spezialitätengeschäft in der Nähe haben, lohnt es sich kaum, ungefüllte Pasta frisch zu kaufen. Frische Tortellini, Capelletti, Ravioli und Agnolotti findet man heute auch in vielen Supermärkten.

Am besten schmeckt natürlich hausgemachte Pasta. Das erfordert etwas Zeitaufwand, ist aber recht einfach und lohnend. Sie können den Teig von Hand oder in der Küchenmaschine zubereiten.

Pastasorten

Es soll mindestens 200 verschiedene Pastasorten mit über 600 Bezeichnungen geben. Es werden laufend neue Abwandlungen erfunden, und die gleiche Sorte kann in den verschiedenen Regionen Italiens unterschiedliche Namen haben. Man unterscheidet vier Kategorien: lange Schnüre, lange Bänder, Röhren und Kleinformen – dazu kommen noch gefüllte Pastasorten; hier die gebräuchlichsten ungefüllten.

Cravatte, Cravattini Schleifen

Cresti Di Gallo „Hahnenkämme" – kurze, gekrümmte Formen

Dischi Volante „fliegende Untertassen"

Ditali, Ditalini „Fingerhütchen" – ganz kurze Röhren

Eliche schraubenförmige Nudeln

Elicoidali kurze, gerillte Röhren

Farfalle Schleifen

Fedeli, Fedelini lange, dünne, zu Knäueln gewundene Röhrennudeln

Festonati kurze, girlandenähnliche Stränge

Fettuccine schmale Bandnudeln

Fiochette, Fiochelli kleine Schleifen

Rezine breite Bandnudeln

Fusilli kurze Spiralen

Fusilli Bucati dünne, sprungfederartige Spiralen

Gemelli „Zwillinge" – zwei umeinander gewundene Pastastränge

Gramigna „Gras" oder „Unkraut" – kurze, dünne Röhren mit gekrümmten Enden

Lasagne flache, rechteckige Teigplatten

Linguine lange, flache Bandnudeln

Lumache glatte, schneckenförmige Nudeln

Lumachine Hörnchen

Makkaroni lange oder kurze Röhrennudeln, oft auch gerillt oder gekrümmt

Maltagliati dreieckige Nudeln

Orecchiette Öhrchen

Orzi reiskornähnliche Nudeln

Pappardelle sehr breite Bandnudeln mit gezahntem Rand

Pearlini kleine Scheiben

Penne kurze, dicke Röhren mit schräg geschnittenen Enden

Pipe Rigate gerillte, gekrümmte Röhren

Rigatoni dicke, gerillte Röhren

Rotelle wagenradförmige Nudeln

Ruote wagenradförmige Nudeln

Semini kornförmige Nudeln

Spaghetti lange Nudelschnüre unterschiedlicher Dicke

Spirale zwei spiralförmig zusammengedrehte Schnüre

Strozzapreti „Priesterwürger" – zwei spindelförmig verdrehte Streifen

Tagliarini flache Bandnudeln, dünner als Tagliatelle

Tagliatelle breite, flache Bandnudeln

Tortiglione dünne, gewundene Röhren

Vermicelli sehr dünne Fadennudeln, meist zu Knäueln gewickelt

Ziti Tagliati kurze, dicke Röhren

Basisrezepte

Hühnerbrühe

ERGIBT 1,7 l

1 kg Huhn ohne Haut
2 Selleriestangen
1 Zwiebel
2 Karotten
1 Knoblauchzehe
einige frische Petersilienzweige
2 l Wasser
Salz und Pfeffer

1 Alle Zutaten in einen großen Topf geben.

2 Zum Kochen bringen. Mit einem Schaumlöffel abschäumen. Hitze reduzieren und mit lose aufgelegtem Deckel 2 Stunden köcheln lassen. Abkühlen lassen.

3 Ein Sieb mit sauberem Musselin auslegen und über einer großen Schüssel platzieren. Brühe durch das Sieb gießen. Das gegarte Huhn kann für ein anderes Rezept verwendet werden. Die übrigen Zutaten fortwerfen. Brühe in einem verschlossenen Behälter in den Kühlschrank stellen.

4 Vor der Weiterverwendung abgesetztes Fett abschöpfen. Hühnerbrühe kann bis zur Verwendung 3–4 Tage im Kühlschrank aufbewahrt oder in kleinen Portionen eingefroren werden.

Gemüsebrühe

Die Brühe kann bis zu 3 Monaten eingefroren werden. Bei der Zubereitung kein Salz zugeben; es ist besser, die Brühe erst später, je nachdem, für welches Gericht sie verwendet wird, mit Salz abzuschmecken.

ERGIBT 1,5 l

250 g Schalotten
1 große Karotte, gewürfelt
1 Selleriestange, gewürfelt
½ Fenchelknolle
1 Knoblauchzehe
1 Lorbeerblatt
einige frische Petersilien- und Estragonzweige
2 l Wasser
Pfeffer

1 Alle Zutaten in einen großen Topf geben und zum Kochen bringen.

2 Mit einem Schaumlöffel abschäumen und die Hitze so weit reduzieren, dass die Flüssigkeit nur noch leicht köchelt. Mit lose aufgelegtem Deckel 45 Minuten köcheln, anschließend abkühlen lassen.

3 Ein Sieb mit sauberem Musselin auslegen und über einer großen Schüssel platzieren. Die Brühe durch das Sieb passieren; die zurückbleibenden Kräuter und Gemüse fortwerfen.

4 Im verschlossenen Behälter kann die Brühe in kleinen Portionen bis zu 3 Tagen im Kühlschrank aufbewahrt werden.

Lammbrühe

ERGIBT 1,7 l

ca. 1 kg Knochen von Lammkeulenbraten oder rohe Lammknochen
2 Zwiebeln, mit 6 Gewürznelken gespickt, oder in Ringe geschnitten bzw. grob gewürfelt
2 Karotten, in dünnen Scheiben
1 Porreestange, in Ringen
1–2 Selleriestangen, in Scheiben
1 Bouquet garni
$2^1/_4$ l Wasser

1 Knochen hacken oder anders zerkleinern und mit den anderen Zutaten in einen großen Topf geben.

2 Zum Kochen bringen. Mit einem Schaumlöffel abschäumen, Hitze reduzieren und bei lose aufgelegtem Deckel 3–4 Stunden leicht köcheln lassen. Brühe durch ein Sieb passieren und abkühlen lassen.

3 Abgesetztes Fett abschöpfen und die Brühe in den Kühlschrank stellen. Will man sie länger als 24 Stunden aufbewahren, muss sie täglich aufgekocht, dann rasch abgekühlt und zurück in den Kühlschrank gestellt werden. Man kann sie bis zu 2 Monaten einfrieren. Dazu in einen Plastikbeutel füllen, luftdicht verschließen, wobei über der Flüssigkeit 2,5 cm Raum bleiben sollte, weil sie sich beim Gefrieren ausdehnt.

Fischfond

ERGIBT 1,7 l

Kopf (falls vorhanden) und sonstige Reste, Haut und Gräten von 1 Kabeljau, Lachs o. ä.
1–2 Zwiebeln, in Ringen
1 Karotte, in dünnen Scheiben
1–2 Selleriestangen, in Scheiben
1 Spritzer Zitronensaft
1 Bouquet garni oder 2 Lorbeerblätter

1 Fischkopf und -reste waschen. In einem Topf mit Wasser bedecken und zum Kochen bringen.

2 Abschäumen und die übrigen Zutaten zugeben. Zugedeckt ca. 30 Minuten bei schwacher Hitze köcheln lassen. Durch ein Sieb passieren und abkühlen lassen.

3 Im Kühlschrank aufbewahren und innerhalb von 2 Tagen verbrauchen.

Italienische Käsesauce

In einem Topf 2 EL Butter zerlassen. 25 g Mehl darin unter Rühren hellgelb anschwitzen. 300 ml heiße Milch zugießen und rühren, bis die Sauce dickflüssig und glatt ist.
1 Prise Muskat, getrockneten Thymian und 2 EL Weißweinessig zugeben. Salzen und pfeffern. 3 EL Crème double, je 60 g gewürfelten Mozzarella und frisch geriebenen Parmesan, 1 TL Senf und 2 TL saure Sahne unterrühren.

Suppen

Suppen – von leichten und delikaten bis zu herzhaften und sättigenden – sind ein Grundpfeiler der italienischen Küche. Sie sind im Allgemeinen leicht sämig – klaren Brühen begegnet man in Italien eher selten. Manche werden teilweise püriert, doch meist bleiben die Zutaten gut erkennbar. Es gibt einige regionale Unterschiede: Im Norden basieren viele Suppen auf Reis, während man in der Toskana sämige Bohnen- oder Brotsuppen schätzt. Tomaten-, Knoblauch- und Nudelsuppen sind typisch für den Süden. Die wohl bekannteste Version der weltberühmten Minestrone stammt aus Mailand. Alle Suppen haben einen hohen Gemüseanteil und sind äußerst wohlschmeckend und sättigend. Köstliche Fischsuppen finden sich ebenfalls in Hülle und Fülle – viele davon sind dörfliche Spezialitäten, sodass die Variationsbreite hier fast grenzenlos ist.

Minestrone

Für 8–10 Personen

3 Knoblauchzehen
3 große Zwiebeln
2 Selleriestangen
2 große Karotten
2 große Kartoffeln
100 g grüne Bohnen
100 g Zucchini
60 g Butter
50 ml Olivenöl
60 g durchwachsener Speck, klein gewürfelt
1½ l Gemüse- oder Hühnerbrühe
100 g Tomaten, gehackt
2 EL Tomatenmark
1 Bund frisches Basilikum, fein gehackt
100 g Parmesanrinde
Salz und Pfeffer
80 g Spaghetti, in kleine Stücke gebrochen
frisch geriebener Parmesan, zum Servieren

1 Knoblauch, Zwiebeln, Sellerie, Karotten, Kartoffeln, Bohnen und Zucchini klein schneiden.

2 Butter und Öl in einem Topf erhitzen und den Speck 2 Minuten anbraten. Knoblauch und Zwiebeln zugeben, 2 Minuten dünsten, dann Sellerie, Karotten und Kartoffeln zugeben und 2 Minuten braten.

3 Die Bohnen in den Topf geben und 2 Minuten braten. Die Zucchini einrühren und weitere 2 Minuten braten. Den Topf abdecken und das Gemüse unter gelegentlichem Rühren 15 Minuten garen.

4 Brühe, Tomaten, Tomatenmark, Basilikum sowie Parmesanrinde zugeben und mit Salz und Pfeffer abschmecken. Danach 1 Stunde köcheln. Die Rinde entfernen und wegwerfen.

5 Die Spaghetti in den Topf geben und 10 Minuten kochen. Mit Salz und Pfeffer abschmecken, mit Parmesan bestreuen und sofort servieren.

TIPP

In Italien gibt es so viele Minestronerezepte wie Köche. Man kann jedes Gemüse verwenden, Bohnen aus der Dose genauso wie Flageolettbohnen.

Bohnen-Nudel-Suppe

Für 4 Personen

225 g getrocknete weiße Bohnen, eingeweicht, abgetropft und abgespült
4 EL Olivenöl
2 große Zwiebeln, in Ringen
3 Knoblauchzehen, gehackt
400 g Tomaten aus der Dose, gehackt
1 TL getrockneter Oregano
1 TL Tomatenmark
850 ml Wasser
90 g Muschelnudeln
Salz und Pfeffer
125 g sonnengetrocknete Tomaten, abgetropft, in feinen Streifen
1 EL frisch gehackter Koriander oder glatte Petersilie
2 EL frisch geriebener Parmesan

1 Bohnen mit kaltem Wasser bedeckt 10 Minuten sprudelnd kochen, um Giftstoffe zu entfernen, dann abgießen und abspülen.

2 Öl in einem großen Topf auf mittlerer Stufe erhitzen. Zwiebeln darin goldgelb andünsten. Knoblauch untermengen und 1 Minute mitdünsten. Gehackte Tomaten, Oregano und Tomatenmark unterrühren. Das Wasser zugießen.

3 Die gekochten, abgetropften Bohnen zugeben. Alles kurz aufkochen und zugedeckt 45 Minuten köcheln lassen, bis die Bohnen fast gar sind.

4 Nudeln zugeben, Suppe mit Salz und Pfeffer abschmecken, sonnengetrocknete Tomaten unterrühren. Suppe zum Kochen bringen und mit lose aufgelegtem Deckel ca. 10 Minuten kochen lassen, sodass die Nudeln noch bissfest sind.

5 Koriander bzw. Petersilie unterrühren. Suppe noch einmal abschmecken, in 4 vorgewärmte Suppenteller geben, mit Parmesan bestreuen und sofort servieren.

2

4

5

Kartoffelsuppe mit Pesto

Für 4 Personen

PESTO-SAUCE
60 g fein gehackte frische Petersilie
2 Knoblauchzehen, zerdrückt
60 g Pinienkerne, gemahlen
2 EL frisch gehackte Basilikumblätter
60 g frisch geriebener Parmesan
weißer Pfeffer
150 ml Olivenöl

AUSSERDEM
3 Streifen Räucherspeck
450 g mehlig kochende Kartoffeln
450 g Zwiebeln
25 g Butter
600 ml Hühnerbrühe
600 ml Milch
100 g Conchiglie
150 g Sahne
frisch gehackte Petersilie
frisch geriebener Parmesan und Knoblauchbrot, zum Servieren

1 Alle Zutaten für die Pesto-Sauce 2 Minuten im Mixer pürieren oder von Hand mischen.

2 Speck, Kartoffeln und Zwiebeln fein hacken. Den Speck 4 Minuten in einem Topf anbraten. Butter, Kartoffeln und Zwiebeln einrühren und 12 Minuten kochen.

3 Brühe und Milch zugießen, aufkochen und 10 Minuten köcheln. Die Nudeln zugeben und weitere 12–14 Minuten köcheln.

4 Die Sahne einrühren und 5 Minuten köcheln. Petersilie und 2 Esslöffel Pesto-Sauce einrühren. Die Suppe in Suppentellern mit Parmesan und Knoblauchbrot servieren.

Fischsuppe mit Meeresfrüchten

Für 4 Personen

60 g Butter
450 g verschiedene Fischfilets, z. B. Rotbarsch und Schnapper
450 g küchenfertige Meeresfrüchte
225 g frisches Krebsfleisch
1 große Zwiebel, in Ringen
25 g Mehl
1,2 l Fischfond (s. S. 7)
100 g Suppennudeln
1 EL Anchovispaste
Saft und fein geriebene Schale von 1 unbehandelten Orange
50 ml trockener Sherry
300 g Sahne
Salz und Pfeffer
Orangenzesten, zum Garnieren
knuspriges Brot, zum Servieren

1 Die Butter in einem großen Topf zerlassen. Fischfilets, Meeresfrüchte, Krebsfleisch und Zwiebel zugeben und bei geringer Hitze 6 Minuten dünsten.

2 Das Mehl zugeben und gut unterrühren.

3 Langsam den Fond zugießen und unter Rühren aufkochen. Die Hitze reduzieren und die Suppe 30 Minuten köcheln.

4 Die Nudeln zugeben und die Suppe weitere 10 Minuten kochen.

5 Anchovispaste, Orangensaft und -schale, Sherry und Sahne zugeben und mit Salz und Pfeffer abschmecken.

6 Die Suppe noch einmal gut erhitzen. Fischsuppe auf vorgewärmte Teller verteilen, mit Orangenzesten garnieren und mit Brot servieren.

Hühnersuppe mit Sternchennudeln

Für 5–6 Personen

80 g Sternchennudeln
frisch gehackte Petersilie

HÜHNERBRÜHE
1¼ kg Hühnerteile
2,5 l Wasser
1 Selleriestange, in Scheiben
1 große Karotte, in Scheiben
1 Zwiebel, in Ringen
1 Porreestange, in Ringen
2 Knoblauchzehen, zerdrückt
8 weiße Pfefferkörner
4 Pimentkörner
3–4 Zweige frische Petersilie
2–3 Zweige frischer Thymian
1 Lorbeerblatt
½ TL Salz
weißer Pfeffer

1 Für die Brühe die Hühnerteile mit Wasser, Sellerie, Karotte, Zwiebel, Porree, Knoblauch, Pfefferkörnern, Piment, Kräutern und Salz in einem Topf zum Kochen bringen und den aufsteigenden Schaum von der Oberfläche abschöpfen. Die Hitze reduzieren und mit halb geschlossenem Deckel 2 Stunden leicht kochen.

2 Fleisch aus der Brühe nehmen und zum Abkühlen beiseite stellen. Die Brühe ohne Deckel weitere 30 Minuten leicht kochen. Das Fleisch von den Knochen lösen und in mundgerechte Stücke schneiden.

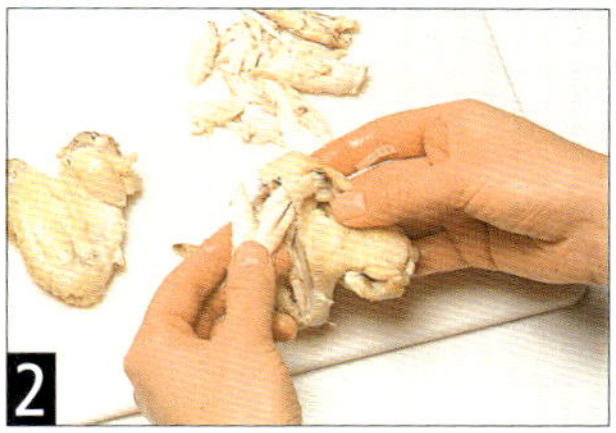

3 Die Brühe durch ein Sieb gießen und dabei möglichst viel Fett entfernen. Gemüserückstände und Gewürze entfernen. Es sollten etwa 1,7 Liter Hühnerbrühe entstehen.

4 Die Brühe in einem sauberen Topf zum Kochen bringen. Nudeln zugeben und die Hitze reduzieren. In 5–10 Minuten garen.

5 Das Hühnerfleisch einrühren, abschmecken. Die Suppe auf vorgewärmte Teller füllen, nach Belieben mit Petersilie garnieren und servieren.

Suppe mit Garnelentaschen

Für 4 Personen

TEIG

150 g Mehl

50 ml kochendes Wasser

2 EL kaltes Wasser

1½ TL Öl

FÜLLUNG

125 g feines Schweinehack

125 g Garnelen, gekocht, ausgelöst und gehackt

50 g Wasserkastanien aus der Dose

1 Selleriestange, klein geschnitten

1 TL Speisestärke

1 EL Sesamöl

1 EL helle Sojasauce

SUPPE

850 ml Fischfond

50 g Glasnudeln

1 EL Reiswein

gehackter Schnittlauch, zum Garnieren

1 Für den Teig Mehl, kochendes und kaltes Wasser sowie Öl in einer Schüssel zu einem weichen Teig verrühren.

2 Den Teig auf einer bemehlten Arbeitsfläche 5 Minuten durchkneten, dann in 16 Stücke teilen.

3 Die Teigstücke zu Platten von jeweils etwa 7,5 cm Ø ausrollen.

3

4 Die Wasserkastanien abtropfen lassen, waschen und klein schneiden. Die Zutaten für die Füllung mischen.

5 Etwas Füllung mit einem Löffel in die Mitte jeder Teigplatte setzen. Die Ränder hochnehmen und zusammendrücken, die oberen Enden leicht drehen, um die Taschen zu schließen.

5

6 Den Fischfond zum Kochen bringen.

7 Glasnudeln, Taschen und Reiswein zufügen und 4–5 Minuten kochen. Sobald die Nudeln und Fleischtaschen gar sind, garnieren und servieren.

7

Gemüsesuppe mit Cannellini

Für 4 Personen

1 kleine Aubergine
2 große Tomaten
1 Kartoffel, geschält
1 Karotte, geschält
1 Porreestange
400 g Cannellini-Bohnen aus der Dose
850 ml Gemüse- oder Hühnerbrühe, erhitzt
2 TL getrocknetes Basilikum
10 g getrocknete Steinpilze, 10 Minuten in warmem Wasser eingeweicht
50 g Vermicelli
3 EL Pesto-Sauce
frisch geriebener Parmesan

1 Die Aubergine in etwa 1 cm dicke Scheiben schneiden, dann in 4 Stücke teilen.

2 Die Tomaten und die Kartoffel fein würfeln. Die Karotte in etwa 2 cm lange Streifen, den Porree in feine Ringe schneiden.

3 Die Cannellini mit ihrem Saft in einen großen Topf geben und mit Aubergine, Tomaten, Kartoffel, Karotte und Porree mischen.

4 Brühe zugießen und aufkochen. Dann die Temperatur reduzieren und das Gemüse 15 Minuten köcheln.

5 Basilikum, Pilze mit Einweichwasser und Vermicelli zugeben und die Suppe weitere 5 Minuten köcheln, bis das gesamte Gemüse gar ist.

6 Den Topf vom Herd nehmen und die Pesto-Sauce einrühren.

7 Die fertige Suppe mit frisch geriebenem Parmesan servieren.

2

3

6

Erbsen-Nudel-Suppe

Für 4 Personen

3 Scheiben durchwachsener Räucherspeck, gewürfelt
1 große Zwiebel, gehackt
15 g Butter
450 g Trockenerbsen, 2 Stunden in kaltem Wasser eingeweicht
2,5 l Hühnerbrühe
Salz und Pfeffer
225 g Eiernudeln
150 g Sahne
frisch gehackte Petersilie, zum Garnieren
Parmesan-Croûtons (s. Tipp), zum Servieren

1 Speck, Zwiebel und Butter in einem großen Topf 6 Minuten dünsten.

2 Eingeweichte Erbsen gut abtropfen lassen. Brühe zugeben und aufkochen. Mit Salz und Pfeffer abschmecken, abdecken und 1½ Stunden köcheln.

3 Die Nudeln in den Topf geben und 15 Minuten garen.

4 Die Sahne einrühren. In Suppenteller geben, mit Petersilie garnieren und mit Parmesan-Croûtons belegen. Sofort servieren.

TIPP

Für die Parmesan-Croûtons eine Baguettestange in Scheiben schneiden. Jede Scheibe leicht mit Olivenöl bestreichen und mit Parmesan bestreuen. Etwa 30 Sekunden grillen.

Minestrone mit Pesto

Für 6 Personen

175 g getrocknete Cannellini-Bohnen, über Nacht eingeweicht
2½ l Wasser oder Brühe
1 große Zwiebel, gehackt
1 Porreestange, in dünne Ringe geschnitten
2 Selleriestangen, in sehr dünne Scheiben geschnitten
2 Karotten, gehackt
3 EL Olivenöl
2 Tomaten, gehäutet und grob gehackt
1 Zucchini, geputzt und in dünne Scheiben geschnitten
2 Kartoffeln, gewürfelt
85 g Hörnchennudeln
Salz und Pfeffer
5 EL frisch geriebener Parmesan, zum Servieren

PESTO-SAUCE
2 EL Pinienkerne
5 EL Olivenöl
2 Bund Basilikum, ohne Stiele
4–6 Knoblauchzehen, zerdrückt
85 g frisch geriebener Pecorino oder Parmesan

1 Die Bohnen abtropfen lassen und mit Wasser oder Brühe in einen Topf geben. Aufkochen, abdecken und 1 Stunde köcheln.

2 Zwiebel, Porree, Sellerie, Karotten und Olivenöl zufügen, abdecken und 4–5 Minuten köcheln.

2

3 Tomaten, Zucchini, Kartoffeln und Nudeln zufügen. Abdecken und weitere 30 Minuten köcheln, bis die Zutaten weich sind.

3

4 Für die Pesto-Sauce die Pinienkerne in 1 Esslöffel Öl hellbraun rösten, dann abtropfen lassen. Basilikum, Pinienkerne und Knoblauch im Mixer oder im Mörser zermahlen. Das restliche Öl in einem feinen Strahl zufügen und unterrühren, bis die Mischung glatt ist. In eine Schüssel geben, Käse zufügen und sorgfältig verrühren.

5 Zum Schluss 2 Teelöffel Pesto-Sauce in die Suppe geben und verrühren. Weitere 5 Minuten köcheln, mit Salz und Pfeffer abschmecken, mit Parmesan bestreuen und sehr heiß servieren.

5

Linsensuppe mit Nudeln

Für 4 Personen

4 Scheiben durchwachsener Speck, grob gewürfelt
1 Zwiebel, gehackt
2 Knoblauchzehen, zerdrückt
2 Selleriestangen, in Scheiben geschnitten
50 g Farfalline oder Spaghetti, in kleine Stücke gebrochen
400 g braune Linsen aus der Dose, abgetropft
1,2 l Fleisch- oder Gemüsebrühe, erhitzt
2 EL frisch gehackte Minze

1 Speck, Zwiebel, Knoblauch und Sellerie in eine große Pfanne geben und 4–5 Minuten anbraten, bis die Zwiebel weich und der Speck leicht braun ist.

2 Farfalline oder Spaghetti zugeben und etwa 1 Minute rühren.

3 Linsen und Brühe zufügen und aufkochen. Dann die Hitze reduzieren und die Suppe 10 Minuten köcheln, bis die Nudeln gar sind.

4 Die Pfanne vom Herd nehmen und die Minze einrühren.

5 Die fertige Suppe in vorgewärmte Schüsseln geben und servieren.

VARIATION

Die Suppe kann mit jeder beliebigen Pastasorte zubereitet werden.

TIPP

Falls man getrocknete Linsen verwendet, gibt man sie mit der Brühe in die Pfanne und gart sie 1–1 1/4 Stunden, bevor man die Nudeln hinzufügt.

1

2

3

Kichererbsensuppe mit Hähnchen

Für 4 Personen

2 EL Butter
3 Frühlingszwiebeln, gehackt
2 Knoblauchzehen, zerdrückt
1 Majoranzweig, fein gehackt
350 g Hähnchenbrust ohne Knochen, gewürfelt
1,2 l Hühnerbrühe
350 g Kichererbsen aus der Dose, abgetropft
1 Bouquet garni
Salz und weißer Pfeffer
1 rote Paprika, gewürfelt
1 grüne Paprika, gewürfelt
125 g kurze Nudeln
Croûtons, zum Servieren

1 Die Butter in einem großen Topf zerlassen. Frühlingszwiebeln, Knoblauch, Majoran und Fleisch hineingeben und unter regelmäßigem Rühren 5 Minuten bei mittlerer Hitze anbraten.

2 Brühe, Kichererbsen und Bouquet garni in den Topf geben und mit Salz und weißem Pfeffer abschmecken.

3 Die Suppe aufkochen, die Temperatur reduzieren und etwa 2 Stunden sanft köcheln.

4 Paprika und Nudeln in den Topf geben und weitere 20 Minuten köcheln.

5 Die Suppe in Suppenteller füllen und sofort mit Croûtons servieren.

1

2

4

Hühnerravioli in Estragonbrühe

Für 6 Personen

2 l Hühnerbrühe

2 EL frisch gehackte Estragonblätter

frisch geriebener Parmesan

NUDELTEIG

125 g Mehl, plus etwas mehr, zum Ausrollen

2 EL frische Estragonblätter ohne Stängel

1 Ei

1 Ei, getrennt

1 TL Olivenöl

2–3 EL Wasser

Salz und Pfeffer

FÜLLUNG

200 g Hühnerfleisch, gekocht und grob gehackt

½ TL geriebene Zitronenschale

2 EL frisch gehackte Kräuter, z. B. Estragon, Schnittlauch, Petersilie

4 EL Schlagsahne

Salz und Pfeffer

4

1 Für den Nudelteig Mehl, Estragon und etwas Salz im Mixer vermischen. Ei, Eigelb, Öl und 2 Esslöffel Wasser verrühren. Bei laufendem Mixer die Ei-Mischung zum Mehl gießen und verkneten, bis sich der Teig als Kugel von der Schüsselwand löst. Teig in Frischhaltefolie wickeln und mindestens 30 Minuten in den Kühlschrank stellen. Das Eiweiß aufbewahren.

2 Für die Füllung Hühnerfleisch, Zitronenschale und Kräutermischung in den Mixer geben. Mit Salz und Pfeffer würzen. Mit der Intervallschaltung nicht zu fein zerkleinern. In eine Schüssel geben und die Sahne unterrühren. Abschmecken und bei Bedarf nachwürzen.

3 Nudelteig halbieren. Eine Portion abdecken, die andere auf einer bemehlten Arbeitsfläche so dünn wie möglich ausrollen (max. 2 mm). Rechtecke von 10 cm x 5 cm Größe ausschneiden.

4 Jeweils auf eine Hälfte der Teigstücke einen Teelöffel der Füllung setzen. Die Ränder mit Eiweiß einpinseln, Teig zusammenklappen und die Ränder sorgfältig andrücken. Die Ravioli nebeneinander auf einem reichlich bemehlten Backblech auslegen. Die zweite Teigportion ebenso verarbeiten. Ravioli an einem kühlen Ort 15 Minuten antrocknen lassen oder 1–2 Stunden kalt stellen.

5 In einem Topf Salzwasser aufkochen. Die Hälfte der Ravioli hineingeben und 12–15 Minuten kochen. Auf einem sauberen Geschirrtuch abtropfen lassen. Inzwischen die zweite Portion garen.

6 Brühe und Estragon in einem Topf aufkochen. Die Hitze reduzieren und mit Deckel 15 Minuten leicht kochen. Die gegarten Ravioli in die Brühe geben und 5 Minuten durchwärmen lassen. Auf vorgewärmten Tellern servieren.

Avgolemono

Für 4–6 Personen

1,2 l frische Hühnerbrühe

100 g Orzo oder andere kurze Suppennudeln

2 große Eier

4 EL Zitronensaft

Salz und Pfeffer

glatte Petersilie, fein gehackt, zum Garnieren

1 Die Hühnerbrühe in einem Topf zum Kochen bringen. Die Nudeln in die Brühe geben, aufkochen und bissfest garen.

2 Die Eier in eine Schüssel geben und mindestens 30 Sekunden schlagen, dann den Zitronensaft zufügen und weitere 30 Sekunden schlagen.

3 Die Hitze unter dem Nudeltopf reduzieren, bis die Brühe nicht mehr kocht.

4 Sehr vorsichtig 4–5 Esslöffel der heißen (nicht mehr kochenden) Brühe unter die Eimischung schlagen. Nach und nach weitere 225 ml Brühe zufügen, dabei ständig schlagen, damit das Ei nicht gerinnt.

5 Die Zitronen-Ei-Mischung unter Rühren langsam in den Topf gießen, bis die Suppe andickt. Nicht mehr kochen. Mit Salz und Pfeffer abschmecken.

6 Die Suppe in vorgewärmte Teller füllen und mit der Petersilie garnieren. Sofort servieren.

1

2

5

Kalbssuppe mit Pilzen

Für 4 Personen

450 g Kalbfleisch, in dünne Scheiben geschnitten
450 g Kalbsknochen
1,2 l Wasser
1 kleine Zwiebel
6 Pfefferkörner
1 TL Gewürznelken
1 Prise Muskatblüte
150 g Austern- oder Shiitakepilze, grob gehackt
150 g Sahne
100 g Vermicelli
1 EL Speisestärke
3 EL Milch
Salz und Pfeffer

1

2

3

1 Fleisch, Knochen und Wasser in einen großen Topf geben. Aufkochen und die Temperatur reduzieren. Zwiebel, Pfeffer, Nelken und Muskatblüte zugeben und etwa 3 Stunden köchelnd um ein Drittel reduzieren.

2 Die Brühe durch ein Sieb seihen, das Fett abschöpfen und die Brühe in einen sauberen Topf geben. Das Kalbfleisch zur Brühe geben.

3 Pilze und Sahne zugeben, bei schwacher Hitze aufkochen und 12 Minuten köcheln.

4 Salzwasser in einem großen Topf aufkochen und die Vermicelli darin bissfest kochen. Abgießen und warm stellen.

5 Speisestärke und Milch zu einer glatten Paste verrühren. Zum Andicken in die Suppe rühren. Mit Salz und Pfeffer abschmecken, und kurz vor dem Servieren die Nudeln zugeben. Die Suppe in eine vorgewärmte Terrine füllen und sofort servieren.

Rindfleisch-Nudeltopf

Für 4 Personen

250 g mageres Rindfleisch
1 Knoblauchzehe, zerdrückt
2 Frühlingszwiebeln, gehackt
3 EL Sojasauce
1 TL Sesamöl
250 g Eiernudeln
850 ml Rindfleischbrühe
3 Babymaiskolben, in Scheiben
½ Porreestange, in Streifen
125 g Brokkoli, in Röschen zerteilt
1 Prise Chilipulver

TIPP

Für diese Suppe kann jedes beliebige Gemüse verwendet werden. Das Chilipulver kann durch Chilisauce ersetzt werden – aber Vorsicht, sie ist sehr scharf!

1 Das Rindfleisch in feine Streifen schneiden und in eine Glasschale mit Knoblauch, Frühlingszwiebeln, Sojasauce und Sesamöl geben

2 Die Zutaten gut vermischen, bis sie von der Marinade ganz bedeckt sind. Abdecken und 30 Minuten im Kühlschrank marinieren.

3 Die Nudeln in einem Topf mit kochendem Wasser 5–7 Minuten garen. Abgießen, abtropfen lassen und beiseite stellen.

4 Die Brühe in einem großen Topf zum Kochen bringen. Das Fleisch mitsamt der Marinade zugeben, ebenso Mais, Porree und Brokkoli. Den Topf abdecken und die Suppe bei niedriger Hitze 7–10 Minuten kochen, bis Fleisch und Gemüse gar sind.

5 Die Nudeln zugeben, die Suppe mit Chilipulver würzen und weitere 2–3 Minuten kochen.

6 Anschließend auf Portionsschalen verteilen und sofort servieren.

Italienische Fischsuppe

Für 4 Personen

2 EL Olivenöl
2 rote Zwiebeln, fein gehackt
1 Knoblauchzehe, zerdrückt
2 Zucchini, in Scheiben geschnitten
400 g Tomaten aus der Dose, gehackt
850 ml Fisch- oder Gemüsefond
100 g Farfalle oder Fusilli
350 g fester weißer Fisch, z. B. Kabeljau, Heilbutt oder Meerhecht
1 EL frisch gehacktes Basilikum oder Oregano oder 1 TL getrockneter Oregano
1 TL frisch geriebene Zitronenschale
1 EL Speisestärke
1 EL Wasser
Salz und Pfeffer
Basilikum oder Oregano, zum Garnieren

1 Das Öl in einer Pfanne erhitzen, Zwiebeln und Knoblauch zugeben und 5 Minuten glasig dünsten. Zucchini zugeben und weitere 2–3 Minuten dünsten, dabei gelegentlich umrühren.

2 Tomaten und Fond zugießen und aufkochen. Die Nudeln zugeben, die Hitze reduzieren und 5 Minuten köcheln.

3 Den Fisch ausnehmen, häuten und in Stücke schneiden. Fisch, Basilikum bzw. Oregano und Zitronenschale zugeben und 5 Minuten köcheln, bis der Fisch zart ist – nicht zu lange kochen, damit er nicht zerfällt.

4 Die Speisestärke mit dem Wasser verrühren und in die Suppe geben, unter Rühren 2 Minuten köcheln, bis die Suppe eingedickt ist. Mit Salz und Pfeffer abschmecken.

5 Auf vorgewärmte Teller füllen, mit Basilikum oder Oregano garnieren und sofort servieren.

Suppe mit Nudeln & Pilzen

Für 4 Personen

20 g getrocknete chinesische Pilze oder 125 g Feldchampignons
1 l frische heiße Gemüsebrühe (s. S. 6)
125 g Eier-Fadennudeln
2 TL Sonnenblumenöl
3 Knoblauchzehen, zerdrückt
2,5-cm-Stück fein gehackter Ingwer
½ TL Pilz-Ketchup
1 TL helle Sojasauce
125 g Bohnensprossen
Korianderblätter, zum Garnieren

1 Die getrockneten Pilze, falls verwendet, mindestens 30 Minuten in 300 ml heißer Gemüsebrühe einweichen. Stiele entfernen, dann in Scheiben schneiden. Brühe aufbewahren.

2 Nudeln 3–4 Minuten in kochendem Wasser garen. Abgießen, abtropfen lassen und beiseite stellen.

3 Das Öl in einem Wok oder einer großen, schweren Bratpfanne stark erhitzen. Den Knoblauch und Ingwer zufügen und rühren. Pilze zugeben. 2 Minuten pfannenrühren.

4 Die restliche Gemüsebrühe der beiseite gestellten Brühe hinzufügen und aufkochen. Den Pilz-Ketchup und die Sojasauce zugeben und gut vermischen.

5 Die Bohnensprossen einrühren und zart garen. Über die Nudeln geben und mit Korianderblättern garniert servieren.

TIPP

Für eine fettarme Ernährung eignen sich besonders gut Reisnudeln.

Muschelsuppe mit Kartoffeln

Für 4 Personen

750 g Miesmuscheln
2 EL Olivenöl
Pfeffer
100 g Butter
2 Scheiben Schinkenspeck, gewürfelt
1 Zwiebel, fein gehackt
2 Knoblauchzehen, zerdrückt
60 g Mehl
500 g Kartoffeln, in dünnen Scheiben
100 g Conchigliette
300 g Sahne
1 EL Zitronensaft
Salz und Pfeffer
2 Eigelb
2 EL frisch gehackte Petersilie und Zitronenspalten, zum Garnieren

1 Die Muscheln 5 Minuten unter kaltem Wasser gründlich abbürsten. Geöffnete Muscheln nicht weiter verwenden.

2 Reichlich Wasser in einem großen Topf aufkochen. Muscheln, Öl und etwas Pfeffer zugeben und so lange kochen, bis sich die Muscheln öffnen. Geschlossene Muscheln wegwerfen.

2

3 Die Muscheln abgießen, den Sud auffangen. Das Fleisch aus den Schalen lösen.

3

4 Die Butter in einem großen Topf zerlassen. Schinkenspeck, Zwiebel und Knoblauch zugeben und 4 Minuten andünsten. Langsam das Mehl einrühren und 1,2 Liter des Suds zugießen.

5 Die Kartoffeln zugeben und 5 Minuten köcheln. Dann die Nudeln zufügen und weitere 10 Minuten köcheln.

6 Sahne und Zitronensaft zugießen, mit Salz und Pfeffer abschmecken. Dann die Muscheln zugeben.

6

7 Das Eigelb mit 2 Esslöffeln des Suds verrühren. Die Mischung in die Suppe gießen und 4 Minuten erwärmen, jedoch nicht mehr kochen.

8 Die Suppe mit Petersilie und den Zitronenspalten garnieren.

Kleine Gerichte

Unter den vielen Snacks und leichten Gerichten mit Gemüse, Fleisch oder Fisch, die die Pastaküche bereithält, ist für jeden Gaumen etwas dabei. Diese Rezepte sind nicht so sehr für den großen Hunger, sondern eher für den kleinen Appetit zwischendurch gedacht, aber auch für eilige Zeitgenossen, die trotzdem Wert auf schmack- und nahrhaftes Essen legen. Verwöhnen Sie sich mit Ravioli alla Parmigiana oder italienischem Nudelomelett – schnell zubereiteten Köstlichkeiten, die dennoch höchsten kulinarischen Ansprüchen genügen. Alle Gerichte in diesem Kapitel lassen sich so mühelos zubereiten, dass sicher viele von ihnen im Handumdrehen zu Ihren bewährten Lieblingsrezepten zählen werden.

Ravioli alla parmigiana

Für 4 Personen

300 g Nudelteig-Grundrezept (s. S. 24), ohne Estragon
1 Eiweiß, leicht verquirlt
1,2 l Kalbsbrühe
frisch geriebener Parmesan, zum Servieren

FÜLLUNG
100 g frisch geriebener Parmesan
100 g feine Semmelbrösel
2 Eier
125 ml Espagnole-Sauce (s. Tipp)
1 kleine Zwiebel, fein gehackt
1 Prise frisch geriebene Muskatnuss

1 Zunächst den Nudelteig und die Espagnole-Sauce vorbereiten. Aus dem Nudelteig 2 Teigblätter ausrollen und während der Zubereitung der Füllung mit einem feuchten Handtuch abdecken.

2 Für die Füllung Parmesan, Semmelbrösel, Eier, Espagnole-Sauce, Zwiebel und Muskat in einer großen Schüssel mischen.

3 Die Füllung löffelweise in gleichmäßigen Abständen auf ein Teigblatt geben. Mit dem zweiten Teigblatt

2

abdecken, in Quadrate schneiden, die Ränder zusammendrücken und mit Eiweiß bestreichen.

3

3

4 Die Brühe in einem großen Topf aufkochen. Die Ravioli etwa 15 Minuten darin ziehen lassen.

5 Suppe und Ravioli auf vorgewärmte Suppenteller verteilen und großzügig mit Parmesan bestreut sofort servieren.

TIPP

Espagnole-Sauce: 2 EL Butter in einem Topf zerlassen, 1 EL Mehl einrühren, leicht anbräunen. 1 TL Tomatenmark, 250 ml heiße Kalbsbrühe, 1 EL Madeira und 1 1/2 TL Weißweinessig einrühren, 2 Min. kochen. 2 EL Olivenöl in einem 2. Topf erhitzen. Je 2 EL Speck, Karotte, Zwiebel, Sellerie, Porree, und Fenchel (gewürfelt), 1 Thymianzweig und 1 Lorbeerblatt zugeben und dünsten. Aus dem Topf heben, abtropfen lassen. Zur Sauce geben und unter Rühren 4 Std. köcheln. Durchsieben.

Linguine mit Räucherschinken

Für 4 Personen

450 g Linguine
450 g Brokkoil, in Röschen zerteilt
150 ml italienische Käsesauce (s. S. 7)
250 g italienischer Räucherschinken
Salz und Pfeffer

1 Salzwasser in einem großen Topf aufkochen. Linguine und Brokkoliröschen hineingeben und 10 Minuten bissfest kochen.

2 Linguine und Brokkoli gründlich abtropfen lassen und warm stellen.

3 In der Zwischenzeit die italienische Käsesauce zubereiten.

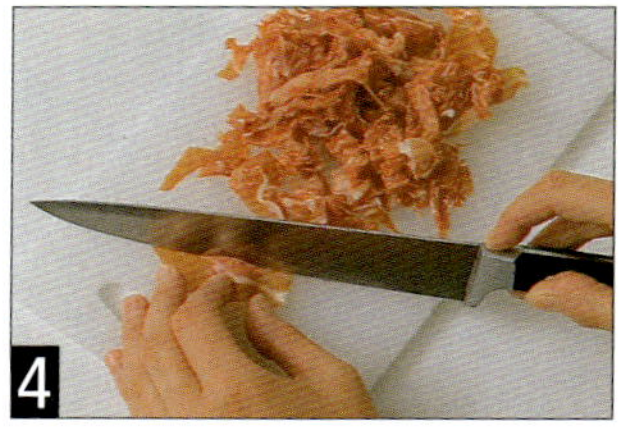

4 Den Schinken mit einem scharfen Messer in dünne Streifen schneiden. Linguine, Brokkoli und Schinken mit der Käsesauce vermengen und bei sehr niedriger Temperatur sanft erwärmen.

5 Die Nudeln in eine vorgewärmte Schüssel geben. Mit Pfeffer bestreuen und servieren.

Kalbsnieren mit Penne & Pesto

Für 4 Personen

80 g Butter
12 Kalbsnieren, pariert und dünn aufgeschnitten
175 g Knopfchampignons, in Scheiben geschnitten
1 TL Senf
1 Prise frisch geriebener Ingwer
2 EL trockener Sherry
150 g Sahne
2 EL Pesto-Sauce
400 g Penne
1 EL Olivenöl
Salz und Pfeffer
4 Scheiben Toast, geröstet

1 Die Butter in einer Pfanne zerlassen und die Kalbsnieren 4 Minuten darin anbraten. In eine Auflaufform geben und warm stellen.

2 Die Champignons in die Pfanne geben und 2 Minuten braten.

3 Senf und Ingwer in die Pfanne geben und abschmecken. 2 Minuten braten, dann Sherry, Sahne und Pesto-Sauce zugeben. Weitere 3 Minuten kochen, dann die Sauce über die Nieren geben. 10 Minuten im vorgeheizten Backofen bei 190 °C backen.

4 Salzwasser in einem großen Topf aufkochen. Die Penne darin mit Öl bissfest kochen. Abgießen und in eine vorgewärmte Servierschüssel geben.

5 Nieren und Sauce über die Nudeln geben. Nach Belieben mit frischer Petersilie garnieren und mit Toast servieren.

Makkaroni-Hühnchen-Gratin

Für 4 Personen

175 g kurze Makkaroni
2 EL Pflanzenöl, plus etwas mehr, zum Einfetten
1 Zwiebel, fein gehackt
3 Scheiben ungeräucherter Speck, klein geschnitten
125 g kleine Champignons, in Scheiben
175 g gegartes Hähnchenfleisch, gewürfelt
175 g Crème fraîche
Salz und Pfeffer
4 EL Semmelbrösel
80 g frisch geriebener Cheddar
glatte Petersilienzweige, zum Garnieren

1 Leicht gesalzenes Wasser in einem großen Topf zum Kochen bringen. Makkaroni hineingeben und bei mittlerer Hitze in 8–10 Minuten bissfest garen. Gut abtropfen lassen, zurück in den Topf geben und abdecken.

2 Öl in einer Pfanne erhitzen. Die Zwiebel darin bei mittlerer Hitze glasig andünsten. Speck und Champignons zugeben und 3–4 Minuten mitdünsten, dabei umrühren.

3 Makkaroni, Hähnchenfleisch und Crème fraîche untermengen und mit Salz und Pfeffer abschmecken.

4 Mit Öl 4 große Jakobsmuschelschalen einpinseln. Die Hähnchenmischung in die Schalen verteilen und etwas andrücken.

5 Semmelbrösel mit dem Käse mischen, über die Hähnchenmischung streuen und leicht andrücken. Auf der obersten Schiene des vorgeheizten Backofens bei 200 °C 4–5 Minuten goldbraun überbacken. Mit Petersilie garnieren und heiß servieren.

Chorizo-Wildpilz-Vermicelli

Für 6 Personen

700 g Vermicelli
125 ml Olivenöl
2 Knoblauchzehen, zerdrückt
125 g Chorizo, in Scheiben geschnitten
250 g Wildpilze
1-3 frische rote Chillies, gehackt
Salz und Pfeffer
2 EL frisch geriebener Parmesan
10 Sardellenfilets, zum Garnieren

TIPP

Kaufen Sie Wildpilze immer aus verlässlicher Quelle. Nur ausgewiesene Pilzkenner sollten Pilze sammeln. Viele Pilzarten werden heute kultiviert und sind von den wilden Arten kaum zu unterscheiden. Für dieses Rezept wurden Austernpilze verwendet.

1 Salzwasser in einem großen Topf aufkochen. Die Vermicelli mit 1 Esslöffel Öl bissfest kochen. Abgießen und warm stellen.

2 In der Zwischenzeit das restliche Öl in einer großen Pfanne erhitzen und den Knoblauch 1 Minute darin andünsten. Chorizo und Pilze zugeben und 4 Minuten braten. Die Chillies zugeben und 1 weitere Minute braten.

3 Wurst und Pilze über die Vermicelli geben und mit Salz und Pfeffer abschmecken. Mit Parmesan bestreuen und als Garnierung die Sardellenfilets darauf verteilen. Sofort servieren.

Pasta mit Oliven, Paprika & Kirschtomaten

Für 4 Personen

225 g Penne
2 EL Olivenöl
2 EL Butter
2 Knoblauchzehen, zerdrückt
1 grüne Paprika, in dünne Streifen geschnitten
1 gelbe Paprika, in dünne Streifen geschnitten
16 Kirschtomaten, halbiert
1 EL frisch gehackter Oregano
125 ml trockener Weißwein
2 EL schwarze Oliven, entsteint
Salz und Pfeffer
80 g Rucola
Oreganozweige, zum Garnieren

TIPP

Damit die Pasta nicht zusammenklebt, sollten Sie sich vergewissern, dass der verwendete Topf groß genug ist.

1 Die Pasta in Salzwasser 8–10 Minuten bissfest kochen. Gut abgießen.

2 Öl und Butter in einer Pfanne erhitzen, bis die Butter schmilzt. Den Knoblauch 30 Sekunden darin andünsten. Die Paprika zugeben und 3–4 Minuten unter Rühren mitschmoren.

3 Kirschtomaten, Oregano, Wein und geviertelte Oliven zufügen und 3–4 Minuten kochen. Mit Salz und Pfeffer abschmecken. Den Rucola zugeben und so lange rühren, bis er zusammengefallen ist.

4 Die Pasta in eine Servierschüssel und die Sauce darauf geben. Gut mischen, garnieren und sofort servieren.

Spaghetti alla carbonara

Für 4 Personen

400 g Spaghetti
1 EL Olivenöl
1 große Zwiebel, in dünne Streifen geschnitten
2 Knoblauchzehen, gehackt
175 g Schinkenspeck ohne Schwarte, in dünnen Streifen
25 g Butter
175 g Champignons, in Scheiben
300 ml Sahne
3 Eier, verquirlt
100 g frisch geriebener Parmesan, plus etwas mehr, zum Servieren
Salz und Pfeffer
Salbeizweige, zum Garnieren

TIPP

Der Erfolg hängt hier davon ab, dass das Ei nicht stockt. Darum müssen alle Zutaten noch so heiß sein, dass es nicht notwendig ist, sie erneut zu erwärmen, um so ein Stocken der Eimasse zu vermeiden.

1 Eine große Schüssel vorwärmen. Salzwasser in einem großen Topf aufkochen. Die Spaghetti darin mit 1 Esslöffel Öl bissfest kochen. Abgießen, wieder in den Topf geben und warm stellen.

2 Das restliche Öl in einer Pfanne bei mittlerer Temperatur erhitzen. Die Zwiebel glasig dünsten. Knoblauch und Speck hineingeben und braten, bis der Speck knusprig ist. In die warme Schüssel geben.

2

3 Die Butter in der Pfanne zerlassen und die Champignons unter Rühren 3–4 Minuten anbraten. Die Speckmischung wieder in die Pfanne geben. Abdecken und warm stellen.

3

4 Sahne, Eier und Käse in einer großen Schüssel verrühren und mit Salz und Pfeffer abschmecken.

4

5 Sehr schnell die Spaghetti in die Champignon-Speck-Mischung heben und mit dem Ei übergießen. Rasch mit zwei Gabeln vermengen. Garnieren und mit Parmesan servieren.

Dreifarbige Timballini

Für 4 Personen

1 EL weiche Butter, zum Einfetten
60 g Paniermehl
200 g dreifarbige Spaghetti, in 5 cm lange Stücke gebrochen
3 EL Olivenöl
1 Eigelb
125 g geriebener Gruyère
300 ml Béchamel-Sauce (s. S. 98)
1 Zwiebel, fein gehackt
1 Lorbeerblatt
150 ml trockener Weißwein
150 g passierte Tomaten
1 EL Tomatenmark
Salz und Pfeffer
frische Basilikumblätter, zum Garnieren

1 Vier 180-ml-Ramequin-Förmchen mit Butter einfetten. Gleichmäßig mit der Hälfte des Paniermehls ausstreuen.

3

2 Die Spaghetti mit 1 Esslöffel Öl in Salzwasser bissfest kochen. Abtropfen lassen und in eine Rührschüssel geben. Eigelb und Käse zugeben und abschmecken.

3 Die Béchamel-Sauce mit den Nudeln vermengen, in die Förmchen geben und mit dem übrigen Paniermehl bestreuen.

4 Die Förmchen auf ein Backblech setzen und 20 Minuten im vorgeheizten Ofen bei 220 °C überbacken.

5

5 Das restliche Öl für die Sauce in einem Topf erhitzen und Zwiebel und Lorbeerblatt 2–3 Minuten sanft anbraten. Wein, passierte Tomaten und Tomatenmark einrühren, mit Salz und Pfeffer abschmecken und 20 Minuten köcheln, bis die Sauce eindickt. Das Lorbeerblatt entfernen.

6 Die Timballini auf Teller stürzen, mit Basilikumblättern garnieren und mit Tomatensauce servieren.

Italienisches Nudelomelett

Für 2 Personen

4 EL Olivenöl

1 kleine Zwiebel, gehackt

1 Fenchelknolle, in dünnen Streifen

120 g Kartoffeln, geschält und klein gewürfelt

1 Knoblauchzehe, gehackt

4 Eier

1 EL frisch gehackte glatte Petersilie

Salz und Pfeffer

1 Prise Chilipulver

100 g gekochte kurze Nudeln

2 EL gefüllte grüne Oliven, halbiert

Majoranzweige, zum Garnieren

Tomatensalat, zum Servieren

1 Die Hälfte des Öls in einer Pfanne erhitzen und Zwiebel, Fenchel und Kartoffeln unter Rühren 8–10 Minuten garen.

2 Den Knoblauch zugeben und 1 Minute braten. Die Pfanne vom Herd nehmen, die Gemüse auf einen Teller geben und beiseite stellen.

3 Die Eier schaumig schlagen. Die Petersilie einrühren und mit Salz, Pfeffer und Chilipulver würzen.

4 In einer sauberen Pfanne 1 Esslöffel des restlichen Öls erhitzen. Die Hälfte der Eimischung in die Pfanne gießen und Gemüse, Nudeln und die Hälfte der Oliven zugeben. Die restliche Mischung darüber gießen und backen, bis die Ränder stocken.

5 Die Ränder des Omeletts anheben, sodass die noch flüssige Eimischung darunter verläuft. Backen, bis die Unterseite goldbraun ist.

6 Das Omelett auf einen Teller geben. Die Pfanne mit Küchenpapier auswischen und das restliche Öl darin erhitzen. Das Omelett von der anderen Seite goldbraun backen.

7 Das Omelett auf einen vorgewärmten Servierteller geben und mit den restlichen Oliven und dem Majoran garnieren. In Ecken schneiden und mit einem Tomatensalat servieren.

Spaghetti mit Ricotta

Für 4 Personen

350 g Spaghetti
2 EL Olivenöl
3 EL Butter
2 EL frisch gehackte glatte Petersilie
115 g frisch gemahlene Mandeln
115 g Ricotta
1 Prise frisch geriebene Muskatnuss
1 Prise Zimt
150 g Crème fraîche
Salz und Pfeffer
125 ml Hühnerbrühe, erhitzt
1 EL Pinienkerne
frische glatte Petersilie, zum Garnieren

TIPP

Verwenden Sie zwei lange Gabeln zum Vermengen von Spaghetti mit Sauce. In Haushaltsfachgeschäften bekommt man auch spezielle Spaghettigabeln.

1 Salzwasser in einem großen Topf aufkochen. Die Spaghetti darin mit 1 Esslöffel Öl bissfest kochen.

2 Die Nudeln abgießen, wieder in den Topf geben, mit Butter und Petersilie vermengen und warm stellen.

3 Für die Sauce Mandeln, Ricotta, Muskat, Zimt und Crème fraîche bei schwacher Hitze zu einer dickflüssigen Paste verrühren. Das restliche Öl einrühren, dann langsam mit der Brühe glatt rühren. Mit Salz und Pfeffer abschmecken.

2

3

3

4 Die Spaghetti in eine vorgewärmte Servierschüssel geben, mit der Sauce übergießen und gut vermengen (s. Tipp). Mit Pinienkernen bestreuen, mit Petersilie garnieren und warm servieren.

Frische Tagliatelle mit Knoblauchbutter

Für 4 Personen

450 g Weizenmehl, plus etwas mehr, für die Arbeitsfläche
2 TL Salz
4 Eier, verquirlt
2 EL Olivenöl
80 g Butter, zerlassen
3 Knoblauchzehen, zerdrückt
2 EL frisch gehackte Petersilie
frisch gemahlener schwarzer Pfeffer

2

2

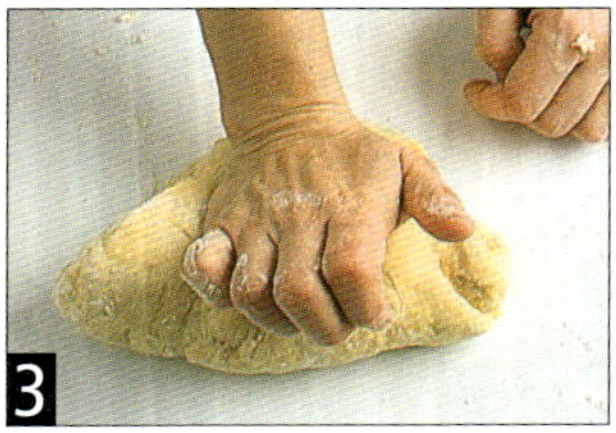
3

1 Das Mehl in eine große Schüssel sieben und mit dem Salz mischen.

2 Eine Vertiefung in die Mitte des Mehls drücken. Die Eier und 2 Esslöffel Öl in die Mulde geben und mit einem Holzlöffel unter das Mehl rühren. Wenn der Teig für den weiteren Gebrauch des Löffels zu fest wird, mit den Händen weiterkneten.

3 Sobald sich Mehl und Eier vollständig verbunden haben, den Teig aus der Schüssel nehmen und 5 Minuten auf einer bemehlten Arbeitsfläche weiterkneten. Ist der Teig zu feucht, zusätzliches Mehl zugeben. Den fertigen Teig mit Frischhaltefolie umwickeln und mindestens 15 Minuten in den Kühlschrank stellen.

4 Den abgekühlten Pastateig entweder von Hand oder mit einer Pastamaschine dünn ausrollen und in die gewünschte Form bringen.

5 Für die Tagliatelle die dünn ausgerollten Teigplatten dreifach

zusammenfalten und in lange, dünne, etwa 6 mm breite Streifen schneiden.

6 Salzwasser in einem großen Topf aufkochen. Die Tagliatelle darin mit 1 Esslöffel Öl 2–3 Minuten garen. Aus dem Topf nehmen und gut abtropfen lassen.

7 Butter, Knoblauch und Petersilie mischen, über die Pasta gießen, mit reichlich Pfeffer bestreuen und sofort servieren.

Tagliarini mit Gorgonzola

Für 4 Personen

25 g Butter
225 g Gorgonzola, zerkrümelt
150 g Sahne
2 EL trockener Weißwein
1 TL Speisestärke
4 Salbeizweige, fein gehackt
Salz und weißer Pfeffer
400 g Tagliarini
2 EL Olivenöl
frischer Salbei, zum Garnieren

1 Die Butter in einem Topf zerlassen. 150 g Gorgonzola einrühren und 2 Minuten bei schwacher Hitze schmelzen.

2 Sahne, Wein und Stärke zugeben und gründlich verrühren.

3 Den Salbei einrühren und die Sauce mit Salz und Pfeffer abschmecken. Unter ständigem Schlagen bei schwacher Hitze aufkochen, bis die Sauce eindickt. Vom Herd nehmen und beiseite stellen.

4 Salzwasser in einem großen Topf aufkochen. Die Tagliarini mit 1 Esslöffel Olivenöl 12–14 Minuten bissfest kochen, gründlich abtropfen lassen und mit dem restlichen Olivenöl vermengen. In eine Servierschüssel geben und warm stellen.

5 Die Sauce unter ständigem Rühren bei niedriger Temperatur aufwärmen. Über die Tagliarini geben, mit dem restlichen Käse bestreuen, mit Salbei garnieren und sofort servieren.

TIPP

Gorgonzola ist einer der besten Blauschimmelkäse der Welt. Er sollte eine cremig-gelbe Farbe und eine feine blaugrüne Äderung aufweisen. Meiden Sie harten oder verfärbten Käse. Alternative: der mildere Danish blue.

Fettuccine all'Alfredo

Für 4 Personen

2 EL Butter

200 g Sahne

450 g frische Fettuccine

1 EL Olivenöl

100 g frisch geriebener Parmesan

1 Prise frisch geriebene Muskatnuss

Salz und Pfeffer

Petersilienzweige, zum Garnieren

VARIATION

Fügen Sie in Schritt 4 mit dem Parmesan 250 g geschälte gekochte Erbsen und 175 g Schinkenstreifen hinzu.

1 Butter und 150 g Sahne in einen großen Topf geben und bei mittlerer Hitze aufkochen. Die Temperatur reduzieren und einige Minuten köchelnd leicht eindicken lassen.

2 In der Zwischenzeit Salzwasser in einem großen Topf aufkochen. Die Fettuccine darin mit dem Öl bissfest kochen. Abgießen, wieder in den Topf geben, dann die Sahnesauce darüber gießen.

3 Die Fettuccine mit zwei Gabeln bei schwacher Hitze mit der Sauce vermengen.

4 Die restliche Sahne, Parmesan und Muskat zu den Nudeln geben und mit Salz und Pfeffer abschmecken. Gründlich vermengen und sanft erhitzen.

5 Die Fettuccine auf einen vorgewärmten Servierteller geben, mit frischer Petersilie garnieren und nach Wunsch mit Parmesan servieren.

Rotelle in pikanter Sauce

Für 4 Personen

200 ml Rotweinsauce (s. S. 96)
5 EL Olivenöl
3 Knoblauchzehen, zerdrückt
2 frische rote Chillies, gehackt
Salz und Pfeffer
1 grüne Chili, gehackt
400 g Rotelle

1 Die Rotweinsauce nach Rezept zubereiten.

2 In einem Topf 4 Esslöffel Öl erhitzen. Knoblauch und Chillies 3 Minuten darin anbraten.

3 Die Rotweinsauce zugießen, mit Salz und Pfeffer abschmecken und 20 Minuten sanft köcheln.

2

3

5

4 Die Rotelle und das restliche Öl 8 Minuten in einem großen Topf mit leicht gesalzenem Wasser bissfest kochen. Das Wasser abgießen.

5 Die Sauce mit den Rotelle vermengen, in eine vorgewärmte Schüssel geben und sofort servieren.

Spaghetti aglio e olio

Für 4 Personen

125 ml Olivenöl, extra vergine

3 Knoblauchzehen, zerdrückt

Salz

450 g frische Spaghetti

Pfeffer

3 EL frisch gehackte Petersilie

1 Das Olivenöl bis auf 1 Esslöffel in einem Topf erhitzen. Den Knoblauch darin mit 1 Prise Salz unter ständigem Rühren bei schwacher Hitze goldbraun anrösten, dann den Topf vom Herd nehmen. Der Knoblauch darf nicht anbrennen, da er sonst sein Aroma verliert.

2 In der Zwischenzeit die Spaghetti in einem großen Topf mit Salzwasser mit dem restlichen Olivenöl bissfest kochen. Abgießen und wieder in den Topf geben.

3 Öl und Knoblauch zu den Spaghetti geben und vermengen. Mit Pfeffer abschmecken, die Petersilie zugeben und erneut vermengen.

4 Die Spaghetti in eine warme Servierschüssel geben und sofort servieren.

Penne mit Muscoli fritti nell'olio

Für 4–6 Personen

400 g Penne
125 ml Olivenöl
450 g Miesmuscheln, gekocht und ausgelöst
1 TL Meersalz
100 g Mehl
Salz und Pfeffer
100 g sonnengetrocknete Tomaten, in Streifen geschnitten
einige frische Basilikumblätter
1 Zitrone, in dünne Scheiben geschnitten, zum Garnieren

VARIATION

Sie können die Miesmuscheln auch durch frische kleine Venusmuscheln ersetzen.

1 Die Penne mit 1 Esslöffel Öl in einem großen Topf mit Salzwasser bissfest kochen.

2 Die Nudeln abgießen, in eine vorgewärmte Servierschüssel geben und warm stellen.

3 Die Muscheln mit Meersalz bestreuen. Das Mehl mit Salz und Pfeffer würzen, in eine Schüssel geben und die Muscheln darin wenden.

4 Das restliche Öl in einer Pfanne erhitzen und die Muscheln unter Rühren goldbraun braten.

5 Die Muscheln mit den Penne vermengen Mit getrockneten Tomaten, Basilikumblättern und Zitronenscheiben garnieren.

TIPP

In der Sonne getrocknete und manchmal in Öl eingelegte Tomaten haben am Mittelmeer eine lange Tradition, sind aber bei uns erst seit kurzem erhältlich. Sie haben einen intensiven Geschmack und eine feste Konsistenz und sollten vor dem Gebrauch abgetropft und evtl. klein geschnitten werden.

Tagliatelle mit pikanter Tomatensauce

Für 4 Personen

50 g Butter

1 Zwiebel, fein gehackt

1 Knoblauchzehe, zerdrückt

2 kleine rote Chillies, entkernt und gewürfelt

450 g Tomaten, enthäutet, entkernt und gewürfelt

200 ml Gemüsebrühe

2 EL Tomatenmark

1 TL Zucker

Salz und Pfeffer

675 g frische oder 350 g getrocknete grüne und weiße Tagliatelle

1 Die Butter in einem großen Topf zerlassen. Die Zwiebel und den Knoblauch darin 3–4 Minuten weich dünsten.

2 Die Chillies zugeben und weitere 2 Minuten dünsten.

3 Tomaten und Brühe zugeben, die Hitze reduzieren und 10 Minuten köcheln.

4 Die Sauce in einer Küchenmaschine glatt pürieren oder durch ein Sieb passieren.

1

2

3

5 Die passierte Sauce wieder in den Topf gießen, Tomatenmark, Zucker, Salz und Pfeffer zufügen und bei niedriger Hitze langsam erwärmen.

6 Währenddessen Salzwasser in einem großen Topf aufkochen. Die Tagliatelle darin bissfest kochen. Abgießen, mit der heißen Sauce vermengen und auf Teller verteilen.

Pasta mit Käse & Brokkoli

Für 4 Personen

300 g Tagliatelle Tricolore
1 EL Olivenöl
250 g Brokkoli, in kleine Röschen zerteilt
350 g Mascarpone
150 g Blauschimmelkäse, zerkleinert
1 EL frischer Oregano, gehackt
Salz und Pfeffer
1 EL Butter
frische Oreganozweige, zum Garnieren
frisch geriebener Parmesan, zum Servieren

1 Salzwasser in einem großen Topf aufkochen. Die Nudeln darin mit etwas Olivenöl bissfest kochen. Abtropfen lassen.

2 In der Zwischenzeit die Brokkoliröschen in kochendem Salzwasser blanchieren. Abtropfen lassen.

3 Mascarpone und Blauschimmelkäse in einem großen Topf vorsichtig erhitzen, bis sie schmelzen. Oregano unterrühren und mit Salz und Pfeffer abschmecken.

4 Die Nudeln zurück in den Topf geben, Butter zufügen und vermengen. Brokkoli zusammen mit der Sauce zu den Nudeln geben und behutsam vermengen.

5 Die Nudeln auf vier vorgewärmte Servierteller geben, mit Oreganozweigen garnieren und mit Parmesan servieren.

Nudeln mit Sahnekürbis

Für 4 Personen

2 EL Olivenöl
1 Knoblauchzehe, zerdrückt
60 g Semmelbrösel
500 g Butternut-Kürbis (oder anderer Kürbis), geschält und entkernt
8 EL Wasser
500 g frische Penne oder andere Pasta
1 EL Butter
1 Zwiebel, in Ringen
125 g Kochschinken, in Streifen
200 g Sahne
60 g frisch geriebener Cheddar
2 EL frisch gehackte Petersilie
Salz und Pfeffer

TIPP

Kürbisreste können Sie mit etwas Wasser bei starker Hitze in einem zugedeckten Topf 3–4 Minuten blanchieren. So können Sie sie bis zu 3 Monaten tiefgekühlt aufbewahren.

1 Öl, Knoblauch und Semmelbrösel mischen und auf einen großen Teller streichen. In der Mikrowelle auf hoher Stufe 4–5 Minuten erhitzen (häufig umrühren), bis die Masse knusprig wird und zu bräunen beginnt. Herausnehmen und beiseite stellen.

2 Kürbisfleisch würfeln, mit der Hälfte des Wassers in eine große Schüssel geben. Zugedeckt auf hoher Stufe 8–9 Minuten garen, gelegentlich umrühren. 2 Minuten stehen lassen.

2

3 Nudeln in eine große Schüssel geben, mit etwas Salz bestreuen und so viel kochendes Wasser zugießen, dass es die Nudeln 2,5 cm bedeckt. Abgedeckt auf hoher Stufe in der Mikrowelle 5 Minuten bissfest garen, dabei einmal umrühren. Vor dem Abgießen noch 1 Minute zugedeckt stehen lassen.

3

4 Butter mit der Zwiebel in eine große Schüssel geben. Zugedeckt 3 Minuten auf hoher Stufe garen.

5 Kürbisfleisch mit einer Gabel grob zerdrücken. Mit Nudeln, Schinken, Sahne, Käse, Petersilie und dem übrigen Wasser zur Zwiebel geben. Alles gut vermengen und abschmecken. Zugedeckt auf hoher Stufe 4 Minuten erhitzen.

5

6 In eine vorgewärmte Servierschüssel geben, mit den Knoblauchbröseln bestreuen und servieren.

Pasta mit Pesto

Für 4 Personen

PESTO-SAUCE

40 frische Basilikumblätter

3 Knoblauchzehen, zerdrückt

2 EL Pinienkerne

50 g frisch geriebener Parmesan

2–3 EL Olivenöl, extra vergine

700 g frische oder 350 g getrocknete Nudeln

Salz und Pfeffer

1 Basilikum waschen und mit Küchenpapier trockentupfen.

2 Basilikum, Knoblauch, Pinienkerne und Parmesan in eine Küchenmaschine oder einen Mörser geben und zu einer glatten Paste verarbeiten.

3 Das Öl in einem dünnen Strahl in die laufende Küchenmaschine gießen und unterheben. Bei Verarbeitung von Hand das Öl portionsweise zugießen und kräftig unterrühren.

4 Währenddessen Salzwasser in einem großen Topf aufkochen. Die Nudeln darin bissfest kochen. Anschließend abtropfen lassen.

5 Die Pesto-Sauce mit Salz und Pfeffer abschmecken und mit den heißen Nudeln mischen. Auf Teller verteilen und sofort servieren.

1

2

3

Fettuccine mit Oliven-Walnuss-Sauce

Für 4–6 Personen

2 dicke Scheiben Vollkornbrot ohne Kruste
300 ml Milch
275 g Walnusskerne
2 Knoblauchzehen, zerdrückt
125 g schwarze Oliven, entsteint
60 g frisch geriebener Parmesan
7 EL Olivenöl extra vergine
Salz und Pfeffer
150 g Sahne
500 g frische Fettuccine
2–3 EL frisch gehackte Petersilie, zum Garnieren

1 Das Brot in eine flache Schale legen, mit Milch übergießen und einweichen, bis die Flüssigkeit aufgenommen ist.

2 Die Walnüsse auf einem Backblech verteilen und 5 Minuten im vorgeheizten Backofen bei 190 °C goldgelb rösten. Zum Abkühlen beiseite stellen.

3 Brot, Walnüsse, Knoblauch, Oliven, Parmesan und 6 Esslöffel Öl im Mixer pürieren. Mit Salz und Pfeffer abschmecken und die Sahne zugeben.

4 Salzwasser in einem großen Topf aufkochen. Die Fettuccine darin mit 1 Esslöffel Olivenöl bissfest kochen. Abgießen.

5 Die Fettuccine auf Teller verteilen und die Oliven-Walnuss-Sauce darauf anrichten. Mit frischer Petersilie bestreuen und servieren.

1

3

3

Spaghetti mit Räucherlachs

Für 4 Personen

450 g Buchweizen-Spaghetti
2 EL Olivenöl
100 g Feta, zerbröselt
Salz
Koriander- oder Petersilienzweige, zum Garnieren

SAUCE
300 g Sahne
150 ml Whisky oder Weinbrand
125 g Räucherlachs
1 Prise Cayennepfeffer
schwarzer Pfeffer
2 EL frisch gehackter Koriander oder Petersilie

TIPP

Servieren Sie dazu einen grünen Salat mit Zitronendressing.

1 Salzwasser in einem großen Topf aufkochen. Die Spaghetti darin mit 1 Esslöffel Öl bissfest garen. Abgießen, in den Topf zurückgeben, mit dem restlichen Öl vermengen, abdecken und warm stellen.

2 Die Sahne in einen kleinen Topf geben und bis zum Siedepunkt erhitzen, aber nicht aufkochen. Whisky oder Weinbrand in einem zweiten Topf ebenfalls bis zum Siedepunkt erhitzen ohne aufzukochen. Beide Töpfe vom Herd nehmen, dann Sahne und Alkohol miteinander mischen.

3 Den Räucherlachs in schmale Streifen schneiden und in die Sahnesauce geben. Mit Cayennepfeffer und schwarzem Pfeffer würzen und kurz vor dem Servieren frischen Koriander oder Petersilie unterrühren.

2

3

3

4 Die Spaghetti in einer vorgewärmten Schüssel mit der Sauce übergießen und gründlich vermengen. Den Feta über die Nudeln streuen, mit Petersilie oder Koriander garnieren und sofort servieren.

Penne mit sizilianischer Sauce

Für 4 Personen

450 g Tomaten, halbiert
25 g Pinienkerne
50 g Sultaninen
50 g Sardellen, abgetropft und längs halbiert
2 EL Tomatenmark
700 g frische oder 350 g getrocknete Penne

TIPP

Beachten Sie, dass frischer Nudelteig nicht zu kalt verarbeitet oder auf marmornen Arbeitsflächen geknetet werden sollte.

1 Die Tomaten unter einem vorgeheizten Grill etwa 10 Minuten rösten. Abkühlen lassen, häuten und in Würfel schneiden.

2 Die Pinienkerne auf ein Backblech legen und unter dem heißen Grill 2–3 Minuten goldbraun rösten.

3 Die Sultaninen in eine Schüssel mit warmem Wasser geben und etwa 20 Minuten einweichen. Anschließend gut abtropfen lassen.

4 Tomaten, Pinienkerne und Sultaninen in einen kleinen Topf geben und langsam erhitzen.

5 Sardellen und Tomatenmark zufügen und die Sauce weitere 2–3 Minuten kochen lassen.

6 Salzwasser in einem großen Topf aufkochen. Die Penne darin bissfest kochen und gut abtropfen lassen.

7 Die heißen Nudeln mit der fertigen Sauce vermengen und servieren.

1

3

5

Rigatoni mit Thunfischfüllung

Für 4 Personen

Butter, zum Einfetten
450 g Rigatoni
1 EL Olivenöl
200 g Thunfisch aus der Dose, abgetropft
225 g Ricotta
125 g Sahne
225 g frisch geriebener Parmesan
Salz und Pfeffer
125 g sonnengetrocknete Tomaten in Öl, abgetropft und in Streifen geschnitten

1 Eine Auflaufform leicht mit Butter einfetten.

2 Salzwasser in einem großen Topf aufkochen. Die Rigatoni darin mit Olivenöl bissfest kochen. Abgießen und zum Abkühlen beiseite stellen.

3 Thunfisch und Ricotta in einer Schüssel zu einer geschmeidigen Paste verrühren. Die Mischung in einen Spritzbeutel geben und die Rigatoni damit füllen. Die gefüllten Nudeln nebeneinander in die Form legen.

4 Für die Sauce Sahne und Parmesan mischen und mit Salz und Pfeffer abschmecken. Die Sauce über die Rigatoni geben.

5 Dann die getrockneten Tomaten über Kreuz darauf anrichten. 20 Minuten im vorgeheizten Ofen bei 200 °C backen. Heiß direkt aus der Form servieren.

Fettuccine mit Spinat

Für 4 Personen

1 kg frischer junger Blattspinat
400 g Fettuccine
5 EL Olivenöl
3 EL Pinienkerne
3 Knoblauchzehen, zerdrückt
8 Sardellenfilets aus der Dose, abgetropft und gehackt
Salz und Pfeffer

TIPP

Tiefgekühlten Spinat zunächst auftauen und abtropfen lassen, dabei möglichst viel Flüssigkeit herausdrücken. Die Blätter in Streifen schneiden und in Schritt 4 mit den Sardellen in den Topf geben.

1 Alle harten Spinatstängel entfernen. Die Blätter abspülen und nass in einen großen Topf geben. Abdecken und bei mittlerer Hitze dünsten. Dabei den Topf hin und wieder schütteln, bis die Blätter zusammenfallen, aber ihre Farbe noch nicht verloren haben. Gut abtropfen lassen und warm stellen.

2 Leicht gesalzenes Wasser in einem großen Topf aufkochen. Die Fettuccine darin mit 1 Esslöffel Öl bissfest kochen.

3 In einem Topf 4 Esslöffel Öl erhitzen. Die Pinienkerne hineingeben und goldgelb rösten. Aus dem Topf nehmen und beiseite stellen.

4 Den Knoblauch in den Topf geben und goldgelb anbraten. Sardellen und Spinat zugeben. Unter Rühren 2–3 Minuten erwärmen. Die Pinienkerne zu dem Spinat geben und mit Salz und Pfeffer abschmecken.

5 Die Fettuccine abgießen und in eine vorgewärmte Schüssel füllen. Die Sauce über die Nudeln geben, vermengen und servieren.

Spaghetti mit Petersilien-Thunfisch-Sauce

Für 4 Personen

500 g Spaghetti
30 g Butter
4 Petersilienzweige, zum Garnieren

SAUCE
200 g Thunfisch aus der Dose, abgetropft
55 g Sardellenfilets aus der Dose, abgetropft
250 ml Olivenöl
2 EL frisch gehackte glatte Petersilie
150 g Crème fraîche
Salz und Pfeffer

1 Leicht gesalzenes Wasser in einem großen Topf zum Kochen bringen. Spaghetti hineingeben und in 8–10 Minuten bissfest kochen. Gut abtropfen lassen und zurück in den Topf geben. Die Butter zugeben, gut unterheben, Spaghetti zudecken und warm halten.

2 Für die Sauce den Thunfisch mit 2 Gabeln zerkleinern. Mit Sardellen, Öl und Petersilie in der Küchenmaschine zu einer glatten Masse verarbeiten. Die Crème fraîche zugeben und einige Sekunden mixen. Mit Salz und Pfeffer abschmecken.

3 Den Topf mit den Spaghetti zurück auf den Herd stellen und die Spaghetti unter ständigem Schütteln bei mittlerer Hitze einige Minuten erwärmen.

4 Die Sauce mit 2 Gabeln unter die Spaghetti heben. Auf 4 große, vorgewärmte Teller geben, mit Petersilienzweigen garnieren und servieren.

Heringssalat mit Nudeln

Für 4 Personen

250 g Muschelnudeln
1 EL Olivenöl
400 g Bismarckheringe in Lake
6 gekochte Kartoffeln
2 große saure Äpfel
2 kleine Friséesalate
2 kleine Rote Bete
4 hart gekochte Eier
6 Perlzwiebeln
6 Gewürzgurken
2 EL Kapern
3 EL Estragonessig

1 Salzwasser in einem großen Topf aufkochen. Die Nudeln darin mit dem Öl bissfest kochen. Abgießen und in kaltem Wasser abschrecken.

2 Heringe, Kartoffeln, Äpfel, Salat und Rote Bete klein schneiden. In eine große Salatschüssel geben.

3 Die Nudeln gründlich abtropfen und in die Salatschüssel geben. Alle Zutaten leicht vermengen.

4 Die Eier schälen und in Scheiben schneiden. Den Salat mit Eierscheiben, Perlzwiebeln, Gewürzgurken und Kapern garnieren, mit Estragonessig besprenkeln und servieren.

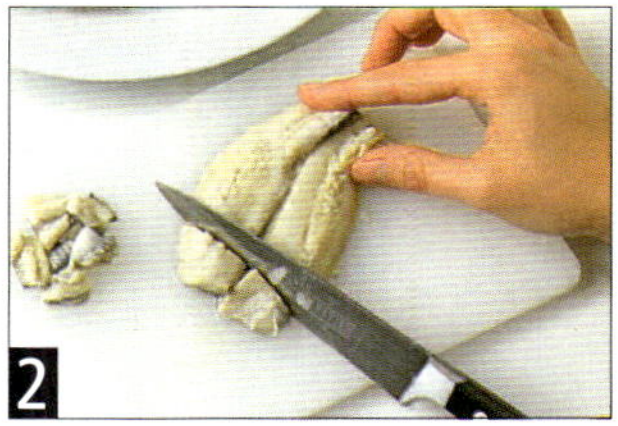

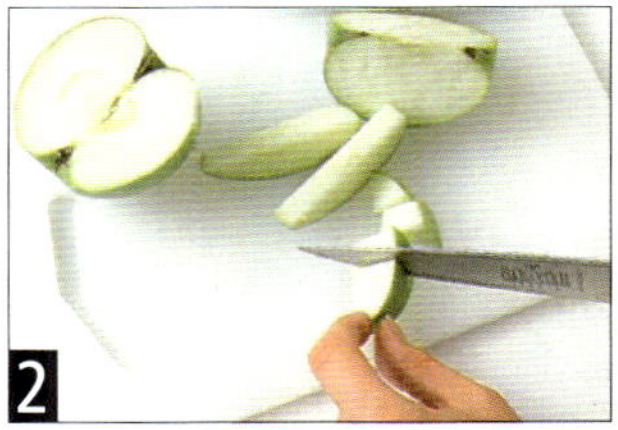

TIPP

Bewahren Sie diesen Salat ohne Dressing in einem Behälter im Kühlschrank auf.

Spaghetti mit Sardellen-Pesto

Für 4 Personen

100 ml Olivenöl

2 Knoblauchzehen, zerdrückt

60 g Sardellenfilets aus der Dose, abgetropft

450 g Spaghetti

60 g Pesto-Sauce (s. S. 20)

2 EL frisch gehackter Oregano

Salz und Pfeffer

100 g geriebener Parmesan, plus etwas mehr, zum Servieren (nach Belieben)

4 Oreganozweige, zum Garnieren

TIPP

Wenn die Sardellen aus der Dose zu salzig sind, 5 Minuten in eine Schale mit kalter Milch legen, abtropfen und trockentupfen.

VARIATION

Ersetzen Sie die Sardellen für eine vegetarische Version durch abgetropfte sonnengetrocknete Tomaten.

1 In einem kleinen Topf 1 Esslöffel Öl erhitzen und den Knoblauch 3 Minuten darin anbraten.

2 Die Sardellen zugeben und unter Rühren braten, bis sie zerfallen.

3 Salzwasser in einem großen Topf aufkochen. Die Spaghetti mit dem restlichen Olivenöl bissfest kochen.

4 Pesto-Sauce und Oregano zur Sardellenmischung geben und gut mit Salz und Pfeffer abschmecken.

5 Die Spaghetti mit einem Schaumlöffel herausheben und in eine vorgewärmte Schüssel geben. Die Sauce über die Nudeln geben und mit geriebenem Parmesan bestreuen.

6 Mit Oreganozweigen garnieren und nach Wunsch mit zusätzlichem Käse servieren.

Nudelsalat mit gemischtem Kohl

Für 4 Personen

250 g kurze Makkaroni
4 EL Olivenöl extra vergine
1/2 kleiner Rotkohl, geraspelt
1/2 kleiner Weißkohl, geraspelt
2 große Äpfel, klein gewürfelt
250 g gebratener Räucherspeck oder Kochschinken, gewürfelt
8 EL Weißweinessig
1 EL Zucker
Salz und Pfeffer

VARIATION

Als Alternative bietet sich ein Dressing aus 4 EL Olivenöl, 4 EL Rotweinessig und 1 EL Zucker an. Oder Sie ersetzen 1 EL Olivenöl durch 1 EL Walnussöl.

1 Salzwasser in einem großen Topf aufkochen. Die Makkaroni darin mit 1 Esslöffel Olivenöl bissfest kochen. Abtropfen lassen und unter kaltem Wasser abschrecken. Erneut abtropfen lassen und beiseite stellen.

2 Salzwasser in einem großen Topf aufkochen. Den Rotkohl darin 5 Minuten blanchieren. Gründlich abtropfen lassen und zum Abkühlen beiseite stellen.

3 Salzwasser in einem großen Topf aufkochen. Den Weißkohl darin 5 Minuten blanchieren. Gründlich abtropfen lassen und zum Abkühlen beiseite stellen.

4 Nudeln, Rotkohl und Äpfel in einer großen Schüssel mischen. In einer zweiten Schüssel Weißkohl und Speck oder Schinken mischen.

5 Das restliche Öl mit Essig und Zucker in einer kleinen Schüssel verrühren und nach Wunsch mit Salz und Pfeffer abschmecken. Das Dressing über die beiden Kohlmischungen geben und vermengen. Servieren.

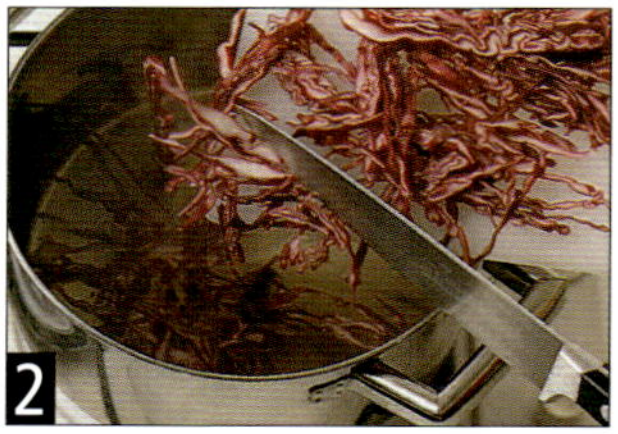

2

4

5

Fruchtiger Nudelsalat mit Huhn

Für 2 Personen

150 g Spiralnudeln
2 EL Mayonnaise
2 TL Pesto-Sauce
1 EL saure Sahne oder Frischkäse
Salz und Pfeffer
175 g gegartes Hühnerfleisch, ohne Haut
1–2 Selleriestangen
125 g blaue Trauben (möglichst kernlos)
1 große Karotte
Sellerieblätter, zum Garnieren
FRENCH DRESSING
1 TL Weißweinessig
1 EL Olivenöl
Salz und Pfeffer

1 Alle Zutaten für das French Dressing in einer Schüssel gründlich verrühren.

2 Leicht gesalzenes Wasser in einem großen Topf zum Kochen bringen. Nudeln hineingeben, bei mittlerer Hitze bissfest kochen. Abgießen, mit kaltem Wasser abspülen, gut abtropfen lassen. Warm in eine Schüssel geben, French Dressing unterheben. Vollständig abkühlen lassen.

3 Mayonnaise, Pesto-Sauce und saure Sahne bzw. Frischkäse in einer Schüssel vermengen und mit Salz und Pfeffer abschmecken.

4 Das Hühnerfleisch in dünne Streifen, den Sellerie schräg in Scheiben schneiden. Einige Trauben zum Garnieren aufheben, den Rest halbieren und entkernen. Karotte in feine Streifen schneiden.

5 Huhn, Sellerie, halbierte Trauben, Karotte und Mayonnaisemischung unter die Nudeln heben und erneut abschmecken.

6 Den Nudelsalat auf zwei Serviertellern anrichten, mit Trauben und Sellerieblättern servieren.

Nizzasalat mit Nudeln

Für 4 Personen

350 g kleine Muschelnudeln
1 EL Olivenöl
125 g grüne Bohnen
50 g Sardellenfilets aus der Dose, abgetropft
2 EL Milch
2 kleine Salatköpfe
500 g Fleischtomaten
4 Eier, hart gekocht
225 g Thunfisch aus der Dose, abgetropft
125 g schwarze Oliven, entsteint
VINAIGRETTE
50 ml Olivenöl extra vergine
25 ml Weißweinessig
1 TL körniger Senf
Salz und Pfeffer

TIPP

Ein Dressing lässt sich gut in einem Schraubglas zubereiten: Zutaten hineinfüllen, Glas fest zudrehen und schütteln, bis alle Zutaten gut vermischt sind.

1 Salzwasser in einem großen Topf aufkochen. Die Nudeln darin mit Olivenöl bissfest kochen. Abgießen und unter kaltem Wasser abschrecken.

2 Salzwasser in einem kleinen Topf aufkochen. Die Bohnen darin 10 Minuten bissfest kochen. Abgießen, in kaltem Wasser abschrecken, gründlich abtropfen lassen und beiseite stellen.

3 Die Sardellen in einer Schale mit Milch bedecken und 10 Minuten stehen lassen. Die Salatblätter in große Stücke zupfen. Die Tomaten 1–2 Minuten in sprudelndem Wasser blanchieren, dann abtropfen lassen, häuten und grob hacken. Die Eier schälen und vierteln. Den Thunfisch abtropfen lassen und in Stücke teilen.

4 Sardellen und Nudeln abtropfen lassen. Alle Salatzutaten, Bohnen und Oliven in eine große Schüssel geben und vorsichtig vermengen.

5 Alle Zutaten für die Vinaigrette verrühren und bis zur Verwendung kalt stellen. Die Vinaigrette erst kurz vor dem Servieren über den Salat geben.

3

3

3

Nudelsalat mit Roastbeef

Für 4 Personen

450 g Rumpsteak oder Filetsteak am Stück
Salz und Pfeffer
450 g Fusilli
4 EL Olivenöl
2 EL Limettensaft
2 EL thailändische Fischsauce
2 TL klarer Honig
4 Frühlingszwiebeln, in Ringe geschnitten
1 Salatgurke, geschält und in 2 cm dicke Stücke geschnitten
3 Tomaten, in Spalten geschnitten
3 TL frisch gehackte Minze

TIPP

Fischsauce (Nam Pla) wird aus gesalzenen Sardellen hergestellt, ist recht intensiv und sollte daher sparsam verwendet werden.

1 Das Fleisch salzen und pfeffern, dann 4 Minuten von jeder Seite grillen oder braten. 5 Minuten ruhen lassen, dann quer zur Faser dünn aufschneiden.

2 In der Zwischenzeit Salzwasser in einem großen Topf aufkochen. Die Fusilli darin mit 1 Esslöffel Öl bissfest kochen. Abgießen, in kaltem Wasser abschrecken und abtropfen lassen. Die Fusilli mit dem restlichen Öl vermengen.

3 Limettensaft, Fischsauce und Honig in einem kleinen Topf mischen und 2 Minuten bei mittlerer Hitze kochen.

4 Frühlingszwiebeln, Gurke, Tomaten und Minze hinzugeben, dann das Steak zufügen und gut durchrühren. Mit Salz und Pfeffer abschmecken.

5 Die Fusilli auf einen großen vorgewärmten Servierteller geben und den Salat darauf anrichten. Warm oder kalt servieren.

1

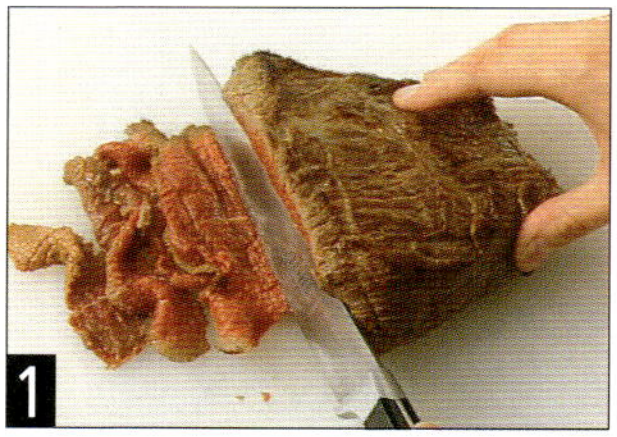
1

3

Nudelsalat mit pikanter Wurst

Für 4 Personen

- 125 g kleine Nudeln
- 2 EL Olivenöl extra vergine
- 1 Zwiebel, gehackt
- 2 Knoblauchzehen, zerdrückt
- 1 kleine gelbe Paprika, entkernt und in feine Streifen geschnitten
- 175 g pikante Wurst, z. B. Chorizo oder Salami, gehäutet und in Scheiben geschnitten
- 2 EL Rotwein
- 1 EL Rotweinessig
- gemischte Salatblätter, gekühlt
- Salz

VARIATION

Versuchen Sie auch einmal die italienische Pepperoni – eine pikante Hartwurst mit Chili und Fenchel – oder eine der vielen Salamisorten, die mit Knoblauch und Pfeffer gewürzt werden.

1 Die Nudeln in Salzwasser mit 1 Esslöffel Olivenöl bissfest kochen. Abgießen, unter kaltem Wasser abschrecken und abtropfen lassen.

2 Das restliche Olivenöl in einem Topf erhitzen, die Zwiebel darin bei schwacher Hitze glasig dünsten. Knoblauch, Paprika und Wurstscheiben zugeben und 3–4 Minuten dünsten, dabei gelegentlich umrühren.

3 Wein, Essig und Nudeln unterrühren und kurz aufkochen.

4 Die gekühlten Salatblätter auf Tellern anrichten, die Nudelmischung darüber geben und nach Belieben mit Salz bestreuen. Sofort servieren.

Pennesalat mit Ziegenkäse

Für 4 Personen

250 g Penne
5 EL Olivenöl extra vergine
1 Radicchio, in Stücke gezupft
1 Kopfsalat, in Stücke gezupft
7 EL Walnusskerne, gehackt
2 Birnen, entkernt und gewürfelt
1 frischer Basilikumzweig
1 Bund Brunnenkresse
2 EL Zitronensaft
1 Knoblauchzehe, zerdrückt
3 EL Weinessig
Salz und Pfeffer
4 Tomaten, geviertelt
1 kleine Zwiebel, in Ringen
1 große Karotte, gerieben
250 g Ziegenkäse, gewürfelt

TIPP

Die meisten Ziegenkäse kommen aus Frankreich. Es gibt sie in großer Auswahl, besonders empfehlenswert sind Crotin de Chavignol, Chabi und Sainte-Maure.

1 Salzwasser in einem großen Topf aufkochen. Die Penne darin mit 1 Esslöffel Olivenöl bissfest kochen. Abgießen, dann unter fließendem kaltem Wasser abschrecken, abtropfen lassen und beiseite stellen.

2 Radicchio und Kopfsalat in einer großen Salatschüssel mischen. Nudeln, Walnüsse, Birnen, Basilikum und Brunnenkresse darüber geben.

3 Zitronensaft, das restliche Olivenöl, Knoblauch, Essig sowie Salz und Pfeffer in einem Messbecher mischen. Über die Salatzutaten geben und gründlich vermengen.

4 Tomaten, Zwiebel, Karotte und Ziegenkäse zugeben und mit zwei Gabeln gut vermengen. Den Salat vor dem Servieren mindestens 1 Stunde kalt stellen.

Pesto-Nudel-Salat

Für 6 Personen

250 g Spiralnudeln

1 EL Olivenöl

4 Tomaten, gehäutet

60 g schwarze Oliven

25 g sonnengetrocknete Tomaten in Öl, abgetropft

2 EL Pinienkerne, geröstet

2 EL frisch geriebener Parmesan

1 Basilikumzweig, zum Garnieren

PESTO-VINAIGRETTE

4 EL frisches Basilikum, gehackt

1 Knoblauchzehe, zerdrückt

2 EL frisch geriebener Parmesan

4 EL Olivenöl, extra vergine

2 EL Zitronensaft

Salz und frisch gemahlener Pfeffer

1 Salzwasser in einem großen Topf aufkochen. Die Nudeln darin mit dem Olivenöl bissfest kochen. Gut abtropfen lassen.

2 Für die Vinaigrette alle Zutaten sorgfältig verrühren.

3 Die Nudeln in eine Schüssel geben, die Pesto-Vinaigrette darüber geben und sorgfältig vermengen.

4 Die Tomaten in Stücke schneiden, die Oliven halbieren und entsteinen und die getrockneten Tomaten in Streifen schneiden. Tomaten, Oliven

und sonnengetrocknete Tomaten zu den Nudeln geben und unterheben.

5 Den Salat in einer Servierschale mit Pinienkernen und Parmesan bestreuen, mit frischem Basilikum garnieren und warm oder kalt servieren.

Nuss-Nudel-Salat mit Dolcelatte

Für 4 Personen

250 g Muschelnudeln
1 EL Olivenöl
125 g Walnusskerne, halbiert
225 g Dolcelatte, zerkrümelt
gemischte Salatblätter, z. B. Radicchio, Endivie, Rucola, Feldsalat und Friséesalat
Salz

DRESSING
2 EL Walnussöl
4 EL Olivenöl extra vergine
2 EL Rotweinessig
Salz und Pfeffer

1 Salzwasser in einem großen Topf aufkochen. Die Nudeln darin mit dem Olivenöl bissfest kochen. Abgießen, unter fließendem kaltem Wasser abschrecken, abtropfen lassen und beiseite stellen.

2 Die Walnusshälften auf einem Backblech verteilen und 2–3 Minuten unter dem Backofengrill rösten. Zum Abkühlen beiseite stellen.

3 Für das Dressing die Öle und den Essig in einer kleinen Schüssel verrühren und mit Salz und Pfeffer abschmecken.

4 Die Salatblätter in einer großen Servierschüssel anrichten. Die abgekühlten Nudeln in die Mitte geben und mit Dolcelatte bestreuen. Das Dressing über den Nudelsalat geben, mit Walnüssen bestreuen und vermengen. Sofort servieren.

Fusillisalat mit Mozzarella

Für 4 Personen

2 EL Pinienkerne
175 g Fusilli
1 EL Olivenöl
6 Tomaten
225 g Mozzarella
1 große Avocado
2 EL Zitronensaft
3 EL frisch gehacktes Basilikum
Salz und Pfeffer
frisches Basilikum, zum Garnieren

DRESSING
6 EL Olivenöl extra vergine
2 EL Weißweinessig
1 EL grobkörniger Senf, 1 Prise Zucker

1 Die Pinienkerne auf ein Backblech streuen und unter dem vorgeheizten Grill 1–2 Minuten goldbraun rösten. Gut abkühlen lassen.

2 Salzwasser in einem großen Topf aufkochen. Fusilli darin mit dem Olivenöl bissfest kochen. Abgießen, unter kaltem Wasser abschrecken und abtropfen lassen.

3 Tomaten und Mozzarella in dünne Scheiben schneiden.

3

4 Avocado halbieren, schälen und den Stein entfernen. Der Länge nach in dünne Scheiben schneiden und mit Zitronensaft beträufeln, damit das Fruchtfleisch sich nicht verfärbt.

4

5 Für das Dressing Öl, Essig, Senf und Zucker verrühren und mit Salz und Pfeffer abschmecken.

5

6 Abwechselnd Tomaten, Mozzarella und Avocado fächerförmig auf einer Servierplatte anrichten.

7 Die Fusilli mit der Hälfte des Dressings und dem gehackten Basilikum gut vermengen und mit Salz und Pfeffer abschmecken. Die Pasta in die Mitte der Servierplatte geben und mit dem restlichen Dressing übergießen. Mit den gerösteten Pinienkernen bestreuen, mit frischem Basilikum garnieren und sofort servieren.

Auberginen auf Linguine

Für 4 Personen

150 ml Gemüsebrühe
150 ml Weißweinessig
2 TL Balsamico-Essig
3 EL Olivenöl
1 Oreganozweig
450 g Auberginen, geschält
400 g Linguine

MARINADE
2 EL Olivenöl extra vergine
2 Knoblauchzehen, zerdrückt
2 EL frisch gehackter Oregano
2 EL geröstete Mandeln, fein gehackt
2 EL rote Paprika, gewürfelt
2 EL Limettensaft
geriebene Schale und Saft von 1 Orange
Salz und Pfeffer

1 Brühe und Essig in einen Topf geben und bei schwacher Hitze aufkochen. 2 Teelöffel Olivenöl und den Oreganozweig zugeben und 1 Stunde sanft köcheln.

2 Die Auberginen in dünne Scheiben schneiden und in den Topf geben, vom Herd nehmen und 10 Minuten ziehen lassen.

3 Für die Marinade Öl, Knoblauch, Oregano, Mandeln, Paprika, Limettensaft, Orangenschale und -saft in einer großen Schüssel mischen. Mit Salz und Pfeffer abschmecken.

4 Die Auberginen mit einem Schaumlöffel aus dem Topf heben und gut abtropfen lassen. Die Scheiben in der Marinade wälzen und 12 Stunden ziehen lassen.

5 Salzwasser in einem großen Topf aufkochen. Die Hälfte des Öls und die Linguine hineingeben und die Nudeln bissfest kochen. Abgießen und mit dem restlichen Öl vermengen. Die Nudeln auf einem Servierteller anrichten, die Auberginenscheiben und die Marinade darauf geben und sofort servieren.

2

4

Provençalische Nudeln

Für 4 Personen

250 g Nudeln, z. B. Penne
1 EL Olivenöl
Salz und Pfeffer
30 g eingelegte schwarze Oliven, entsteint, abgetropft und klein geschnitten
30 g sonnengetrocknete Tomaten, klein geschnitten
400 g Artischockenherzen aus der Dose, abgetropft und halbiert
120 g kleine Zucchini, in Scheiben geschnitten
100 g Kirschtomaten, halbiert
100 g gemischte kleine Salatblätter
Basilikumblätter, gehackt, zum Garnieren

DRESSING
2 EL passierte Tomaten
2 EL fettarmer Frischkäse oder Naturjoghurt
1 EL ungesüßter Orangensaft
1 Bund frisches Basilikum, gehackt

1 Die Nudeln in Salzwasser bissfest kochen. Danach abgießen und wieder in den Topf geben. Olivenöl, Salz, Pfeffer, Oliven und getrocknete Tomaten unterrühren. Abkühlen lassen.

2 Artischocken, Zucchini und Kirschtomaten behutsam unter die gekochten Nudeln rühren. Die gemischten Salatblätter auf einer Platte anrichten.

VARIATION

Gehaltvoller wird der Salat, wenn 250 g Thunfisch (aus der Dose) mit dem Gemüse unter die Nudeln gemischt werden. Probieren Sie auch andere Nudelsorten, z. B. Farfalle (Schleifen) oder Rotelle (Speichenräder).

3 Alle Zutaten für das Dressing gründlich verrühren, über Nudeln und Gemüse gießen und mischen.

4 Den Nudelsalat auf den Salatblättern anrichten und garnieren.

Fleisch & Geflügel

Pasta mit Fleisch oder Geflügel ist eine klassische Kombination. Das Spektrum der hier vorgestellten Gerichte reicht von schnell zuzubereitenden preiswerten Mahlzeiten für den Alltag bis zu raffinierten Schlemmereien für festliche Anlässe. Das Kapitel präsentiert neben klassischen Favoriten wie Spaghetti alla Bolognese, Tagliatelle mit Fleischbällchen, Lasagne Verde und Cannelloni auch kreative Variationen traditioneller Rezepte wie Spaghetti siciliana, Tortellini in Sahnesauce und Hähnchen-Wildpilz-Lasagne. Dazu kommt eine verlockende Auswahl ganz neuer Ideen: Wie wäre es z. B. mit Tagliatelle mit Kürbis, Schweinegeschnetzeltem, Hähnchen und Hummer auf Penne oder gar Lasagne mit Fasan und Erbsen?

Pasticcio

Für 4 Personen

250 g Fusilli
1 EL Olivenöl, plus etwas mehr, zum Einfetten
4 EL Sahne
gemischter Salat, zum Servieren

SAUCE
2 EL Olivenöl
1 Zwiebel, in dünnen Ringen
1 rote Paprika, entkernt und gehackt
2 Knoblauchzehen, gehackt
600 g Rinderhack
400 g Tomaten aus der Dose, gehackt
125 ml trockener Weißwein
2 EL frisch gehackte Petersilie
60 g Sardellen aus der Dose, abgetropft und gehackt
Salz und Pfeffer

BELAG
300 g Naturjoghurt
3 Eier
1 Prise frisch geriebene Muskatnuss
40 g frisch geriebener Parmesan

1 Das Öl für die Sauce in einer Pfanne erhitzen, Zwiebel und Paprika 3 Minuten anbraten. Knoblauch zugeben und 1 Minute braten. Das Hackfleisch zufügen und bräunen.

1

2 Tomaten und Wein zugeben und aufkochen. 20 Minuten unter Köcheln eindicken lassen. Petersilie, Sardellen und Gewürze einrühren.

2

3 Die Nudeln mit dem Öl 10 Minuten in sprudelndem Salzwasser bissfest kochen. Abgießen, in eine Schüssel geben und mit Sahne vermengen.

4 Für den Belag Joghurt, Eier und Muskat verrühren.

5 Eine feuerfeste Form mit Öl einfetten. Die Hälfte der Nudeln mit der Hälfte der Sauce bedecken. Den Vorgang wiederholen, den Belag darüber geben und mit Käse bestreuen.

5

6 Im vorgeheizten Backofen bei 190 °C 25 Minuten goldgelb backen. Mit einem gemischten Salat servieren.

Lasagne verde

Für 4 Personen

Butter, zum Einfetten
14 vorgekochte Lasagne-Platten
850 ml Béchamel-Sauce
80 g Mozzarella, gerieben
frisches Basilikum (nach Belieben), zum Garnieren

FLEISCHSAUCE
2 EL Olivenöl
500 g Rinderhack
1 große Zwiebel, gehackt
1 Selleriestange, gewürfelt
4 Knoblauchzehen, zerdrückt
30 g Mehl
300 ml Rinderbrühe
150 ml Rotwein
1 EL frisch gehackte Petersilie
1 EL frisch gehackter Majoran
1 TL frisch gehacktes Basilikum
2 EL Tomatenmark
Salz und Pfeffer

1 Das Olivenöl für die Fleischsauce in einer großen Pfanne erhitzen. Das Hackfleisch unter regelmäßigem Rühren rundum anbräunen. Zwiebel, Sellerie und Knoblauch zugeben und 3 Minuten braten.

1

2

2 Mit Mehl bestreuen und unter Rühren 1 Minute braten. Nach und nach Brühe und Rotwein zugießen. Abschmecken. Petersilie, Majoran und Basilikum zugeben. Aufkochen, die Temperatur reduzieren und 35 Minuten köcheln. Tomatenmark zugeben und 10 Minuten köcheln.

3 Eine Auflaufform einfetten. Den Boden mit Lasagne-Platten auslegen, je 1 Schicht Fleisch- und Béchamel-Sauce darauf geben, mit je einer Schicht Teigplatten bedecken. Zweimal wiederholen und mit Béchamel-Sauce beenden. Mit Mozzarella bestreuen.

3

4 Im vorgeheizten Backofen 35 Minuten bei 190 °C goldbraun backen. Nach Belieben mit frischem Basilikum garnieren und sofort servieren.

Auberginenkuchen

Für 4 Personen

1 Aubergine, in dünnen Scheiben
Salz
5 EL Olivenöl
250 g Fusilli
600 ml Béchamel-Sauce (s. S. 98)
100 g geriebener Emmentaler
Butter, zum Einfetten
2 EL frisch geriebener Parmesan
frisch gemahlener schwarzer Pfeffer

LAMMSAUCE
1 große Zwiebel, in Ringen
2 Selleriestangen, in dünne Scheiben geschnitten
2 EL Olivenöl
500 g Lammhack
3 EL Tomatenmark
150 g sonnengetrocknete Tomaten in Öl, abgetropft und gehackt
1 TL getrockneter Oregano
1 EL Rotweinessig
150 ml Hühnerbrühe

1 Die Auberginenscheiben salzen und beiseite stellen.

2 Für die Lammsauce Zwiebel und Sellerie 3 Minuten im Öl anbraten. Das Hackfleisch zugeben und bräunen. Die restlichen Saucenzutaten einrühren und 20 Minuten kochen.

3 Die Auberginenscheiben waschen und trockentupfen. 4 Esslöffel Öl in einer Pfanne erhitzen. Die Auberginenscheiben 4 Minuten von jeder Seite braten. Aus der Pfanne heben und abtropfen lassen.

4 Die Fusilli mit Öl in Salzwasser bissfest kochen und abgießen.

5 Die Béchamel-Sauce sanft erhitzen. Den Emmentaler einrühren und dann die Hälfte der Käsesauce mit den Fusilli vermengen.

6 Fusilli, Lammsauce und Auberginen in eine gefettete Form schichten. Mit Käsesauce übergießen. Mit Parmesan bestreuen und 25 Minuten im vorgeheizten Ofen bei 190 °C backen. Heiß oder kalt servieren.

3

5

6

Hackfleischrolle Sorpresa

Für 6 Personen

1 EL Butter, plus etwas mehr, zum Einfetten
1 kleine Zwiebel, fein gehackt
1 kleine rote Paprika, entkernt und gehackt
1 Knoblauchzehe, zerdrückt
500 g Rinderhack
2 EL Semmelbrösel
½ TL Cayennepfeffer
1 EL Zitronensaft
½ TL geriebene Zitronenschale
2 EL frisch gehackte Petersilie
Salz und Pfeffer
100 g kurze Nudeln, z. B. Fusilli
1 EL Olivenöl
250 ml Käsesauce (s. S. 7)
4 Lorbeerblätter
150 g durchwachsener Speck ohne Schwarte
Salatblätter, zum Garnieren

1 Den Backofen auf 180 °C vorheizen. Die Butter in einem Topf zerlassen, Zwiebel und Paprika darin 3 Minuten anbraten. Den Knoblauch 1 Minute andünsten.

2 Das Fleisch mit einem Holzlöffel zerteilen. Mit Zwiebelmischung, Semmelbröseln, Cayennepfeffer, Zitronensaft und -schale, Petersilie und Gewürzen mischen.

2

2

3 Salzwasser in einem großen Topf aufkochen. Die Nudeln darin mit dem Öl bissfest kochen. Abgießen und in die Käsesauce rühren.

4 Eine kleine Kastenform einfetten und den Boden mit Lorbeerblättern auslegen. Die Speckscheiben strecken und Boden und Seiten der Form damit auslegen. Die Hälfte des Hackfleischs hineingeben und glatt streichen. Mit Nudeln und Sauce bedecken, dann das restliche Hackfleisch darüber geben. Glatt streichen und mit Alufolie abdecken.

4

5 Den Hackbraten bei 180 °C etwa 1 Stunde im vorgeheizten Backofen backen, bis beim Einstechen klarer Saft austritt. Fett abgießen und den Braten auf einen Servierteller stürzen. Mit Salatblättern garnieren.

Fleischbällchen in Rotweinsauce

Für 4 Personen

150 g Semmelbrösel
150 ml Milch
250 g Austernpilze, in Streifen
1 EL Butter
9 EL Olivenöl
1 EL Vollkornmehl
200 ml Rinderbrühe
150 ml Rotwein
4 Tomaten, gehäutet und gehackt
1 EL Tomatenmark
1 TL brauner Zucker
1 EL frisch gehacktes Basilikum
12 Schalotten, gehackt
500 g Rinderhack
1 TL Paprika
Salz und Pfeffer
500 g Eier-Tagliarini
frische Basilikumzweige, zum Garnieren

1 Die Semmelbrösel 30 Minuten in Milch einweichen.

2 Die Pilze in der Hälfte der Butter und 4 Esslöffeln Öl andünsten. Mehl einrühren. Brühe und Wein zugießen und 15 Minuten köcheln. Tomaten, Tomatenmark, Zucker und Basilikum zugeben und 30 Minuten köcheln.

3 Schalotten, Hackfleisch und Paprika mit den Semmelbröseln mischen. Mit Salz und Pfeffer abschmecken und zu 16 Kugeln formen.

4 In einer Pfanne 4 Esslöffel Öl und die restliche Butter erhitzen. Die Fleischbällchen rundum anbräunen. In eine Kasserolle geben, mit der Rotwein-Pilz-Sauce übergießen, abdecken und 30 Minuten im vorgeheizten Backofen bei 180 °C backen.

5 Salzwasser in einem großen Topf aufkochen. Die Nudeln darin mit 1 EL Öl bissfest kochen. Abgießen und in eine Schüssel geben. Fleischbällchen und Sauce über die Nudeln geben, mit Basilikum garnieren und servieren.

3

3

4

Tagliatelle mit Kürbis

Für 4 Personen

500 g Garten- oder Eichelkürbis, geschält
3 EL Olivenöl
1 Zwiebel, fein gehackt
2 Knoblauchzehen, zerdrückt
4–6 EL frisch gehackte Petersilie
Salz und Pfeffer
1 Prise frisch geriebene Muskatnuss
250 ml Hühner- oder Gemüsebrühe
125 g Parmaschinken
250 g Tagliatelle
150 g Sahne
frisch geriebener Parmesan, zum Servieren

1 Den Kürbis halbieren und entkernen. Das Fruchtfleisch in 1 cm dicke Würfel schneiden.

2 In einem großen Topf 2 Esslöffel Olivenöl erhitzen und Zwiebel und Knoblauch darin 3 Minuten bei schwacher Hitze glasig dünsten. Die Hälfte der Petersilie zugeben und 1 Minute anbraten.

3 Den Kürbis zugeben und 2–3 Minuten braten. Mit Salz, Pfeffer und Muskat abschmecken.

4 Die Hälfte der Brühe in den Topf geben, aufkochen, abdecken und 10 Minuten köcheln, bis der Kürbis gar ist. Bei Bedarf Brühe nachgießen.

5 Den Parmaschinken in den Topf geben und unter regelmäßigem Rühren 2 Minuten kochen.

6 Salzwasser in einem großen Topf aufkochen. Die Tagliatelle mit dem restlichen Öl darin bissfest kochen. Abgießen und auf einen vorgewärmten Servierteller geben.

7 Die Sahne unter Kürbis und Schinken rühren und erhitzen.

Über die Nudeln geben, mit der restlichen Petersilie bestreuen und mit Parmesan servieren.

Cannelloni ripieni

Für 4 Personen

8 Cannelloni
1 EL Olivenöl
2 EL frisch geriebener Parmesan
frische Kräuterzweige, zum Garnieren

FÜLLUNG
1 EL Butter
300 g Spinat, gehackt
125 g Ricotta
1 EL frisch geriebener Parmesan
60 g Kochschinken, gehackt
1 Prise frisch geriebene Muskatnuss
Salz und Pfeffer
2 EL Sahne
2 Eier, leicht verquirlt

SAUCE
1 EL Butter
1 EL Mehl
300 ml Milch
2 Lorbeerblätter
1 Prise frisch geriebene Muskatnuss

1 Die Butter für die Füllung in einem Topf zerlassen und den Spinat 2–3 Minuten pfannenrühren. Vom Herd nehmen und Käse und Schinken einrühren. Mit Muskat, Salz und Pfeffer abschmecken. Mit Sahne und Eiern zu einer dicken Paste verrühren.

1

2 Die Nudeln mit dem Öl in kochendem Salzwasser bissfest garen. Abtropfen lassen und beiseite stellen.

3 Die Butter für die Sauce in einem Topf zerlassen. Das Mehl einrühren und unter Rühren anschwitzen. Milch und Lorbeerblätter einrühren und 5 Minuten köcheln. Muskat zugeben und mit Salz und Pfeffer abschmecken. Vom Herd nehmen und die Lorbeerblätter entfernen.

3

4 Die Füllung in einen Spritzbeutel geben und die Cannelloni füllen.

5 Etwas Sauce in eine Auflaufform geben. Die Cannelloni hineinlegen und die restliche Sauce darüber gießen. Mit Parmesan bestreuen und 40–45 Minuten im vorgeheizten Ofen bei 190 °C backen. Mit frischen Kräuterzweigen garnieren und sofort servieren.

5

Spaghetti siciliana

Für 4 Personen

- 150 ml Olivenöl, plus etwas mehr, zum Bestreichen
- 2 Auberginen
- 350 g Rinderhack
- 1 Zwiebel, gehackt
- 2 Knoblauchzehen, zerdrückt
- 2 EL Tomatenmark
- 400 g Tomaten aus der Dose, gehackt
- 1 TL Worcestersauce
- 1 TL frisch gehackter Majoran oder Oregano oder ½ TL getrockneter Majoran oder Oregano
- 60 g schwarze Oliven, entsteint
- 1 grüne, rote oder gelbe Paprika, entkernt und gehackt
- 200 g Spaghetti
- 1 EL Olivenöl
- 100 g frisch geriebener Parmesan
- Salz und Pfeffer

1 Eine Springform (20 cm Ø) mit Öl einfetten, den Boden mit Backpapier auslegen und mit Öl einfetten.

2 Die Auberginen in Scheiben schneiden und in etwas Öl von beiden Seiten anbräunen. Auf Küchenpapier abtropfen lassen.

3 Hackfleisch, Zwiebel und Knoblauch in etwas Öl unter Rühren in einem Topf anbräunen. Tomatenmark, Tomaten, Worcestersauce, Kräuter und Salz und Pfeffer zugeben. 10 Minuten köcheln. In Scheiben geschnittene Oliven und Paprika zugeben und weitere 10 Minuten kochen.

4 Salzwasser in einem großen Topf aufkochen. Spaghetti darin mit 1 Esslöffel Öl bissfest kochen. Abgießen und in eine Schüssel geben. Die Hackfleischsauce und den Käse darüber geben und vermengen.

3

4

5 Boden und Seiten der Springform mit Auberginenscheiben auslegen. Nudeln und Sauce hineingeben und mit der restlichen Aubergine bedecken. 40 Minuten im vorgeheizten Backofen bei 200 °C backen. 5 Minuten ruhen lassen, dann stürzen, Backpapier entfernen und servieren.

Cannelloni

Für 4 Personen

225 g mageres Rinderhack

1 große rote Zwiebel, fein gehackt

150 g kleine Champignons, gehackt

1 Knoblauchzehe, zerdrückt

½ TL gemahlene Muskatnuss

1 TL getrocknete gemischte Kräuter

2 EL Tomatenmark

4 EL trockener Rotwein

12 Cannelloni

gemischter Salat, zum Servieren

TOMATENSAUCE

1 rote Zwiebel, fein gehackt

1 große Karotte, gerieben

1 Selleriestange, fein gehackt

1 getrocknetes Lorbeerblatt

150 ml trockener Rotwein

400 g Tomaten aus der Dose, gewürfelt

2 EL Tomatenmark

1 TL Zucker

Salz und Pfeffer

25 g Parmesanspäne, Eiertomate, in Spalten, und frischer Basilikumzweig, zum Garnieren

1 Hackfleisch, Zwiebel, Champignons und Knoblauch in einer Pfanne ohne Öl 3–4 Minuten anbraten. Muskatnuss, Kräuter, Tomatenmark und Wein zugeben und 15–20 Minuten köcheln lassen. 10 Minuten abkühlen.

2 Zwiebel, Karotte, Sellerie, Lorbeerblatt und Wein in einem Topf aufkochen und 5 Minuten köcheln. Restliche Saucen-Zutaten zugeben und 15 Minuten köcheln. Lorbeerblatt entfernen, mit Salz und Pfeffer abschmecken.

3 Den Backofen auf 200 °C vorheizen. Ein Viertel der Sauce in eine Auflaufform geben. Cannelloni mit dem Hackfleisch füllen und darauf legen. Restliche Sauce darüber geben und abgedeckt 40 Minuten backen. Mit Parmesan, Eiertomate und Basilikumzweig garniert servieren.

Spaghetti alla bolognese

Für 4 Personen

1 EL Olivenöl
1 Zwiebel, fein gehackt
2 Knoblauchzehen, zerdrückt
1 Karotte, gehackt
1 Selleriestange, gehackt
50 g Pancetta oder durchwachsener Speck, gewürfelt
350 g Rinderhack
400 g Tomaten aus der Dose, gehackt
2 TL getrockneter Oregano
125 ml Rotwein
2 EL Tomatenmark
Salz und Pfeffer
700 g frische oder 350 g getrocknete Spaghetti

VARIATION

Nach Belieben 3 EL getrocknete Steinpilze 10 Minuten in 2 Esslöffel warmem Wasser einweichen und bei Schritt 4 zur Bolognese-Sauce geben.

1 Das Öl in einer Bratpfanne erhitzen und die Zwiebel darin 3 Minuten glasig dünsten.

2 Knoblauch, Karotte, Sellerie und Pancetta zufügen und 3–4 Minuten anbraten, bis sie hellbraun sind.

3 Das Rinderhack zugeben und bei starker Hitze weitere 3 Minuten braten, bis das Fleisch braun ist.

4 Tomaten, Oregano und Rotwein unterrühren und aufkochen. Die Temperatur reduzieren und ca. 45 Minuten köcheln.

5 Tomatenmark unterrühren und mit Salz und Pfeffer abschmecken.

6 Die Nudeln mit etwas Olivenöl in Salzwasser bissfest kochen.

7 Die Spaghetti in eine Servierschüssel geben, die Bolognese-Sauce darüber geben, mischen und sofort servieren.

Pikantes Rindfleisch

Für 4 Personen

625 g mageres Rindfleisch
2 EL Paprikapulver
2–3 TL mildes Chilipulver
½ TL Salz
6 Selleriestangen
6 EL Brühe oder Wasser
2 EL Tomatenmark
2 EL Honig
3 EL Weinessig
1 EL Worcestersauce
2 EL Sonnenblumenöl
4 Frühlingszwiebeln, schräg in dünne Ringe geschnitten
4 Tomaten, geschält, entkernt und klein geschnitten
1–2 Knoblauchzehen, zerdrückt
chinesische Nudeln, zum Servieren
Sellerieblätter, zum Garnieren

1 Das Fleisch quer zur Faser in schmale Streifen von 1 cm Dicke schneiden und in eine Schüssel geben.

2 Paprika- und Chilipulver mit Salz mischen und zum Fleisch geben. Fleischstreifen rundum darin wälzen. An einem kühlen Ort mindestens 30 Minuten marinieren.

3 Selleriestangen in 5 cm lange Stücke und diese dann in 5 mm breite Streifen schneiden.

4 Brühe, Tomatenmark, Honig, Weinessig und die Worcestersauce verrühren und beiseite stellen.

5 Das Öl im Wok erhitzen. Frühlingszwiebeln, Sellerie, Tomaten und Knoblauch zugeben und etwa 1 Minute pfannenrühren. Das Fleisch zufügen und unter Pfannenrühren 3–4 Minuten bräunen. Sauce zufügen und pfannenrühren, bis sie zu zischen beginnt.

6 Mit Sellerieblättern garnieren und mit Nudeln servieren.

1

3

5

Würzige Hackfleischpfanne

Für 4 Personen

2 EL Sonnenblumenöl

2 Knoblauchzehen, fein gehackt

3 Schalotten, fein gehackt

2,5-cm-Stück frische Ingwerwurzel, fein gehackt

500 g mageres Schweinehack

2 EL thailändische Fischsauce

1 EL dunkle Sojasauce

1 EL thailändische rote Currypaste

4 getrocknete Kaffir-Limettenblätter

4 Kirschtomaten, gehackt

3 EL frisch gehackte Korianderblätter

Salz und Pfeffer

gekochte Eiernudeln, zum Servieren

Korianderblätter, zum Garnieren

1 Das Öl im Wok erhitzen. Knoblauch, Schalotten und Ingwer darin 2 Minuten pfannenrühren. Das Hackfleisch zugeben und unter Rühren goldbraun braten.

2 Fisch- und Sojasauce, Currypaste und klein geschnittene Kaffir-Limettenblätter einrühren und weitere 1–2 Minuten bei starker Hitze braten.

3 Tomaten zugeben und unter Rühren 5–6 Minuten braten.

4 Den Koriander einrühren, mit Salz und Pfeffer abschmecken. Sofort auf einem Bett aus dünnen Eiernudeln servieren und mit Korianderblättern garnieren.

1

3

4

Tagliatelle mit Hackbällchen

Für 4 Personen

500 g mageres Rinderhack
60 g frische weiche Semmelbrösel
1 Knoblauchzehe, zerdrückt
2 EL frisch gehackte Petersilie
1 TL getrockneter Oregano
1 Prise frisch geriebene Muskatnuss
1/4 TL gemahlener Koriander
60 g frisch geriebener Parmesan
3 EL Milch
Mehl, zum Bestäuben
4 EL Olivenöl
400 g Tagliatelle
30 g kalte Butter, gewürfelt

SAUCE
3 EL Olivenöl
2 große Zwiebeln, in Ringe geschnitten
2 Selleriestangen, in dünnen Scheiben
2 Knoblauchzehen, zerdrückt
400 g Tomaten aus der Dose, gehackt
125 g sonnengetrocknete Tomaten in Öl, abgetropft und gehackt
2 EL Tomatenmark
1 EL brauner Rohrzucker
150 ml Weißwein oder Wasser
Salz und Pfeffer

1 Für die Sauce das Öl in einer großen Pfanne erhitzen. Zwiebeln und Sellerie darin glasig dünsten, Knoblauch zufügen und 1 Minute garen. Dann Tomaten, Tomatenmark, Zucker und Wein unterrühren. Mit Salz und Pfeffer abschmecken. Die Sauce aufkochen und 10 Minuten köcheln.

1

2 Inzwischen das Hackfleisch mit einem Holzlöffel zerkleinern. Semmelbrösel, Knoblauch, Kräuter und Gewürze zufügen. Den Käse und genügend Milch unterrühren, sodass ein fester Brei entsteht. Mit bemehlten Händen 12 Bällchen formen. Etwa 3 Esslöffel Öl in einer Pfanne erhitzen und die Hackbällchen darin 5–6 Minuten bräunen.

2

3 Die Tomatensauce über die Hackbällchen geben, die Temperatur reduzieren, abdecken und 30 Minuten köcheln, dabei ein- bis zweimal umrühren. Falls die Sauce zu sehr andickt, etwas Wasser zufügen.

3

4 Die Nudeln in sprudelndem Wasser mit dem restlichen Öl 8–10 Minuten bissfest kochen. Abtropfen lassen und in eine vorgewärmte Servierschüssel geben. Die Butterwürfel mit zwei Gabeln unterheben, die Hackbällchen mit der Tomatensauce darüber geben und sofort servieren.

Neapolitanische Kalbskoteletts

Für 4 Personen

200 g Butter

4 parierte Kalbskoteletts à 250 g

1 große Zwiebel, in Ringen

2 Äpfel, geschält, entkernt und in Scheiben

200 g Knopfchampignons

1 EL frisch gehackter Estragon

8 schwarze Pfefferkörner

1 EL Sesamsaat

400 g getrocknete Marille

100 ml Olivenöl, extra vergine

200 g Mascarpone, zerkleinert

Salz und Pfeffer

2 große Fleischtomaten, halbiert

Blätter von 1 frischen Basilikumzweig

1 In einer Pfanne 60 g Butter zerlassen. Die Koteletts 5 Minuten von jeder Seite sanft anbraten. In eine Schale geben und warm stellen.

2 Zwiebel und Äpfel goldgelb anbraten. In eine Schale geben, die Koteletts darauf legen und warm stellen.

3 Champignons, Estragon und Pfefferkörner 3 Minuten in der restlichen Butter braten. Mit Sesamsaat bestreuen.

4 Salzwasser in einem großen Topf aufkochen. Die Nudeln darin mit 1 Esslöffel Öl bissfest kochen. Abgießen und in eine feuerfeste Servierschale geben.

5 Die Nudeln mit Käse bestreuen und mit dem restlichen Olivenöl beträufeln. Zwiebel, Äpfel und Koteletts darauf anrichten. Champignons, Pfefferkörner und Bratsaft über die Koteletts geben, Tomaten und Basilikumblätter am Rand verteilen und 5 Minuten im vorgeheizten Backofen bei 150 °C backen.

6 Aus dem Backofen nehmen, mit Salz und Pfeffer abschmecken und auf vier vorgewärmten Tellern anrichten und sofort servieren.

1

2

3

Fettuccine mit Kalbsfilet in Rosenbutter

Für 4 Personen

500 g Fettuccine
7 EL Olivenöl
1 TL frisch gehackter Oregano
1 TL frisch gehackter Majoran
150 g Butter
400 g Kalbsfilet, in dünnen Scheiben
150 ml Rosenblütenessig (s. Tipp)
150 ml Kalbsbrühe (s. S. 7)
50 ml Grapefruitsaft
50 g Sahne
Salz
12 Pink-Grapefruit-Spalten,12 rosa Pfefferkörner, Rosenblätter und frische Kräuterblätter, zum Garnieren

TIPP

Rosenblütenessig: Die Blütenblätter von 8 ungespritzten Rosen 48 Stunden in 150 ml Weißweinessig einlegen.

1 Salzwasser in einem großen Topf aufkochen. Die Fettuccine darin mit 1 Esslöffel Öl bissfest kochen. Abgießen, in eine vorgewärmte Servierschüssel geben, mit 2 Esslöffeln Olivenöl besprenkeln und mit Oregano und Majoran bestreuen.

2 50 g Butter mit dem restlichen Öl in einer Pfanne erhitzen und das Fleisch 6 Minuten darin anbraten. Auf die Nudeln geben.

3 Essig und Kalbsbrühe in einen Topf geben, sprudelnd kochen, sodass die Flüssigkeit um 2 Drittel einkocht. Die Hitze reduzieren. Grapefruitsaft und Sahne zugeben und 4 Minuten köcheln. Die restliche Butter unter Rühren in der Sauce zerlassen. Mit Salz abschmecken.

4 Die Sauce um Fleisch und Nudeln gießen, das Gericht optisch ansprechend garnieren und heiß servieren.

Rindergeschnetzeltes mit Rigatoni

Für 4 Personen

80 g Butter

500 g mageres Rindfleisch, in dünne Streifen geschnitten

180 g Champignons, in Scheiben

1 TL Senf

1 Msp. frisch geriebener Ingwer

Salz und Pfeffer

2 EL trockener Sherry

150 g Sahne

4 Scheiben Weißbrot, zum Servieren

NUDELN

500 g Rigatoni

2 EL Olivenöl

2 frische Basilikumzweige

125 g Butter

TIPP

Getrocknete Nudeln halten sich mindestens 6 Monate. Reste aus einer geöffneten Packung füllen Sie am besten in einen luftdicht schließenden Behälter.

1 Die Butter in einer Pfanne zerlassen und das Fleisch darin bei mittlerer Hitze anbraten. In eine Auflaufform füllen, beiseite stellen und warm halten.

2 Die Pilze in die Pfanne geben und kurz im Bratensatz anbraten. Senf, Ingwer, Salz und Pfeffer zugeben und weitere 2 Minuten köcheln. Sherry und Sahne unterrühren. 3 Minuten kochen, dann die Sahnesauce über das Fleisch gießen.

3 Das Fleisch mit der Sauce bei 180 °C im vorgeheizten Backofen 5–10 Minuten backen.

4 Salzwasser in einem großen Topf aufkochen. Die Rigatoni, das Öl und einen Basilikumzweig zugeben und die Nudeln bissfest kochen. Dann abgießen und auf vorgewärmte Teller verteilen. Die Nudeln mit der Butter mischen und mit dem restlichen Basilikum garnieren.

5 Mit getoastetem Weißbrot servieren.

Reisnudeln mit pikantem Hackfleisch

Für 4 Personen

170 g breite Reisnudeln
2 EL Öl
1 Knoblauchzehe, zerdrückt
2 kleine grüne Chillies, gehackt
1 kleine Zwiebel, in dünnen Ringen
150 g mageres Schweinehack
1 kleine grüne Paprika, entkernt und in kleine Stücke geschnitten
4 Kaffir-Limettenblätter, in feine Streifen geschnitten
1 EL helle Sojasauce
1 EL dunkle Sojasauce
½ TL Zucker
1 Tomate, in Spalten geschnitten
2 EL in Streifen geschnittene Basilikumblätter, zum Garnieren

TIPP

Frische Kaffir-Limettenblätter kann man gut einfrieren. Kaufen Sie einen Vorrat. Im Gefrierbeutel halten sie sich etwa 1 Monat und können tiefgefroren verwendet werden.

1 Die Reisnudeln in heißem Wasser gemäß Packungsanweisung einweichen. Gut abtropfen lassen.

2 Das Öl in einem Wok erhitzen und Knoblauch, Chillies und Zwiebel etwa 1 Minute pfannenrühren.

3 Schweinefleisch zugeben und bei starker Hitze 1 Minute pfannenrühren. Die Paprika einrühren und 2 Minuten mitbraten.

4 Kaffir-Limettenblätter, helle und dunkle Sojasauce und Zucker einrühren. Nudeln und Tomatenspalten zugeben, alles gut vermischen.

5 Mit Basilikum bestreuen und sofort servieren.

Rehklößchen mit Sherry-Kumquat-Sauce

Für 4 Personen

500 g mageres Reh-Hackfleisch
1 kleine Porreestange, fein gehackt
1 Karotte, fein geraspelt
1/2 TL frisch geriebene Muskatnuss
Salz und Pfeffer
1 Eiweiß, leicht verquirlt
frisch gekochte Nudeln und gekochtes Gemüse, zum Servieren

SAUCE
100 g Kumquats
1 EL Zucker
150 ml Wasser
4 EL trockener Sherry
1 EL Speisestärke

1 Das Hackfleisch in einer Schüssel mit Porree, Karotte, Muskat, Salz und Pfeffer vermengen. Das Eiweiß zugeben und die Masse mit den Händen zu einem glatten Teig verkneten.

2 Mit den Händen aus dem Teig 16 gleichmäßige Klößchen formen.

3 In einem großen Topf Wasser zum Kochen bringen. Die Klöße auf einem Stück Backpapier in einen Dämpfeinsatz oder ein großes Sieb setzen und über das kochende Wasser hängen. Abdecken und 10 Minuten im Dampf garen.

4 Unterdessen für die Sauce die Kumquats waschen und in dünne Scheiben schneiden. Mit Zucker und Wasser in einen Topf geben und aufkochen. 2–3 Minuten kochen.

5 Sherry und Speisestärke verrühren und an die Sauce geben. Unter Rühren kochen, bis die Sauce eindickt. Eventuell abschmecken.

6 Die Fleischklößchen auf Tellern anrichten. Mit der Sauce übergießen und zu Nudeln und Gemüse servieren.

2

3

5

Schweinegeschnetzeltes

Für 4 Personen

500 g Schweinefilet, in dünnen Streifen
4 EL Olivenöl
250 g kleine Champignons, in Scheiben geschnitten
200 ml Rotweinsauce (s. S. 96)
350 g Orecchiette
1 EL Zitronensaft
1 Msp. Safran
4 EL Sahne
Salz und Pfeffer
12 Wachteleier (s. Tipp)

TIPP
Für dieses Rezept werden die Wachteleier wachsweich gekocht. Sie müssen ganz abkühlen, weil sie sich in heißem Zustand kaum schälen lassen und sehr leicht zerbrechen.

1 Die Fleischstreifen zwischen zwei Lagen Frischhaltefolie legen und flach drücken.

2 Das Öl in einer Pfanne erhitzen. Das Fleisch darin 5 Minuten anbraten. Die Pilze zugeben und 2 Minuten braten.

3 Die Rotweinsauce zugießen und 20 Minuten köcheln lassen.

4 Währenddessen Salzwasser in einem großen Topf aufkochen. Die Orecchiette mit Zitronensaft und Safran bissfest garen. Abgießen, beiseite stellen und warm halten.

5 Die Sahne in die Pfanne geben, mit den anderen Zutaten verrühren, mit Salz und Pfeffer abschmecken und 3 Minuten köcheln.

6 Die Wachteleier 3 Minuten kochen, abschrecken, ganz abkühlen lassen, schälen und halbieren.

7 Die Nudeln auf Teller verteilen, das Geschnetzelte darauf anrichten, mit den Eiern garnieren und sofort servieren.

Honig-Zitronen-Hähnchen

Für 4 Personen

4 Hähnchenbrustfilets à ca. 125 g

2 EL Honig

1 EL dunkle Sojasauce

1 TL fein geriebene Zitronenschale

1 EL Zitronensaft

Salz und Pfeffer

1 EL Schnittlauchröllchen und Zitronenzesten, zum Garnieren

NUDELN

225 g Reisnudeln

2 TL Sesamöl

1 EL Sesamsaat

1 TL fein geriebene Zitronenschale

1 Den Grill vorheizen. Alles sichtbare Fett vom Fleisch entfernen. Das Fleisch waschen und mit Küchenpapier trockentupfen. Mit einem scharfen Messer die Oberseite kreuzweise einschneiden (dabei das Fleisch nicht durchtrennen).

2 Honig, Sojasauce, Zitronenschale und -saft sowie Salz und Pfeffer in einer Schüssel verrühren.

3 Die Filets auf den Grillrost legen und mit der Hälfte der Honigmischung einpinseln. 10 Minuten auf mittlerer Schiene grillen, dann wenden und mit der restlichen Honigmischung bestreichen. Weitere 8–10 Minuten grillen, bis das Fleisch gar ist.

4 Unterdessen die Nudeln zubereiten, dann abgießen und abtropfen lassen und in eine vorgewärmte Schüssel geben. Mit Sesamöl, Sesamsaat und Zitronenschale verrühren und warm stellen.

5 Das Fleisch kurz auf Küchenpapier legen, damit das ausgetretene Fett aufgesaugt wird. Dann mit Schnittlauch und Zitronenzesten garnieren. Mit den Nudeln servieren.

Reisnudeln mit Huhn & Chinakohl

Für 4 Personen

200 g Reisnudeln
1 EL Sonnenblumenöl
1 Knoblauchzehe, zerdrückt
2-cm-Stück frische Ingwerwurzel, fein gehackt
4 Frühlingszwiebeln, gehackt
1 frische rote Chili, in Ringen
300 g Hähnchenbrustfilet, fein gehackt
2 Hühnerlebern, in kleinen Stücken
1 Selleriestange, in Scheiben
1 Karotte, in Stifte geschnitten
300 g Chinakohl, in feinen Streifen
4 EL Limettensaft
2 EL thailändische Fischsauce
1 EL Sojasauce
2 EL frisch gehackte Minzeblätter, frische Minzezweige und eingelegter Knoblauch, in Scheiben geschnitten, zum Garnieren

1 Die Reisnudeln nach Packungsanweisung in heißem Wasser einweichen. Gründlich abgießen und gut abtropfen lassen.

2 Das Öl in einem Wok oder einer Pfanne erhitzen. Knoblauch, Ingwer, Frühlingszwiebeln und Chili zugeben und 1 Minute kräftig pfannenrühren. Hähnchenbrustfilet und Leber zugeben und bei starker Hitze 2–3 Minuten pfannenrühren.

3 Sellerie und Karotte zugeben und 2 Minuten unter Rühren braten, bis das Gemüse weich wird. Chinakohl, Limettensaft sowie Fisch- und Sojasauce gründlich unterrühren.

4 Die Nudeln zugeben und erhitzen. Mit Minze und Knoblauch bestreuen. Mit Minzezweigen garnieren und sofort servieren.

Eiernudeln mit Rindfleisch

Für 4 Personen

250 g Eiernudeln, bissfest gegart
3 EL Walnussöl
2-cm-Stück frische Ingwerwurzel, in dünne Scheiben geschnitten
5 Frühlingszwiebeln, in feinen Ringen
2 Knoblauchzehen, fein gehackt
1 rote Paprika, entkernt und in dünne Streifen geschnitten
100 g kleine Champignons, in dünne Scheiben geschnitten
350 g Filetsteak, in dünnen Streifen
Salz und Pfeffer
1 EL Speisestärke
5 EL trockener Sherry
3 EL Sojasauce
1 TL brauner Zucker
250 g Bohnensprossen
1 EL Sesamöl
Frühlingszwiebeln, in Streifen geschnitten, zum Garnieren

1 Die gegarten Nudeln abgießen und gut abtropfen lassen, dann beiseite stellen.

2

2 Das Walnussöl in einem vorgeheizten Wok erhitzen. Ingwer, Frühlingszwiebeln und Knoblauch zugeben und etwa 45 Sekunden anbraten. Paprika, Pilze und Fleisch zugeben und weitere 4 Minuten pfannenrühren. Dann mit Salz und Pfeffer abschmecken.

2

3 Speisestärke, Sherry und Sojasauce in einer kleinen Schale zu einer glatten Masse verrühren und in den Wok gießen. Den Zucker darüber streuen und die Masse unter Rühren 2 Minuten erhitzen.

3

4 Bohnensprossen und Nudeln in den Wok geben, mit Sesamöl beträufeln, 1 Minute kochen und gut mit den anderen Zutaten verrühren. Garnieren und sofort servieren.

TIPP

Wer keinen Wok hat, kann auch eine große Pfanne verwenden. Der Wok hat jedoch den Vorteil, dass sich durch den gewölbten Boden die Hitze besser verteilt. Zudem rutschen die Zutaten beim Rühren immer wieder in die Mitte.

無

Senf-Hähnchen mit Lumaconi

Für 4 Personen

8 Hühnerteile à ca. 120 g
60 g Butter, zerlassen
4 EL mittelscharfer Senf (s. Tipp)
2 EL Zitronensaft
1 EL brauner Zucker
1 TL Paprikapulver
Salz und Pfeffer
3 EL Mohnsamen
400 g frische Lumaconi
1 EL Olivenöl

TIPP
Dijon-Senf wird häufig zum Kochen verwendet, weil er einen klaren und nur mild scharfen Geschmack hat. Düsseldorfer Senf ist scharf, bayerischer etwas milder und süß. Amerikanischer Senf besitzt eine milde Schärfe.

1 Die Hühnerteile mit der glatten Seite nach unten in eine feuerfeste Form geben.

1

2 Butter, Senf, Zitronensaft, Zucker, Paprikapulver mit Salz und Pfeffer mischen. Die Oberseiten der Hühnerteile mit der Mischung bestreichen und 15 Minuten im vorgeheizten Backofen bei 200 °C backen.

3

3 Die Form aus dem Ofen nehmen und die Hühnerteile wenden. Erneut mit der restlichen Glasur bestreichen, mit Mohnsamen bestreuen und weitere 15 Minuten im Backofen backen.

3

4 Salzwasser in einem großen Topf aufkochen. Die Nudeln darin mit dem Olivenöl bissfest kochen.

5 Die Nudeln abgießen und auf einem vorgewärmten Servierteller anrichten. Mit dem Senf-Hähnchen belegen, mit der Sauce übergießen und sofort servieren.

Huhn mit Garnelenfüllung

Für 4 Personen

4 Hähnchenbrustfilets à 200 g
125 g große Spinatblätter, blanchiert
4 Scheiben Parmaschinken
12–16 rohe Riesengarnelen, geschält und geputzt
500 g Tagliatelle
1 EL Olivenöl
60 g Butter, plus etwas mehr, zum Einfetten
3 Porreestangen, in Streifen geschnitten
1 große Karotte, gerieben
150 ml Mayonnaise
2 große gekochte Rote Bete

1 Jedes Hähnchenbrustfilet mit einer Nudelrolle zwischen zwei Lagen Backpapier möglichst flach rollen oder klopfen.

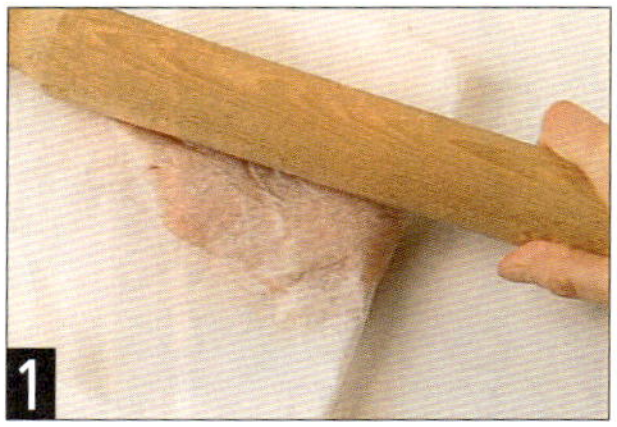

2 Die Hälfte des Spinats auf die Filets verteilen, auf jedes Filet eine Schinkenscheibe legen und mit Spinat bedecken. Jeweils 3–4 Garnelen darauf anrichten. Die Filets einrollen. Jede Rolle in eingefettete Alufolie einschlagen, auf ein Backblech legen und 20 Minuten im vorgeheizten Backofen bei 200 °C backen.

3 Salzwasser in einem großen Topf aufkochen. Die Nudeln darin mit dem Öl bissfest kochen. Abgießen und auf einen vorgewärmten Teller geben.

4 Die Butter zerlassen und Porree und Karotte 3 Minuten darin andünsten. Mitten auf den Nudeln anrichten.

5 Die Mayonnaise und 1 Rote Bete im Mixer glatt pürieren. Durch ein Sieb streichen und um die Nudeln und das Gemüse gießen.

6 Die zweite Rote Bete in Rauten schneiden und am Tellerrand verteilen. Die Filetrollen auspacken und dünn aufschneiden. Auf Gemüse und Nudeln anrichten und servieren.

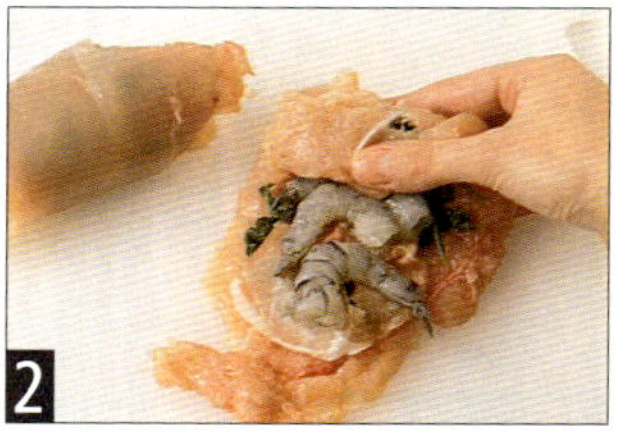

Geflügel-Wildpilz-Lasagne

Für 4 Personen

Butter, zum Einfetten

14 Lasagne-Platten, vorgekocht

800 ml Béchamel-Sauce (s. S. 98)

80 g frisch geriebener Parmesan

HÄHNCHEN-WILDPILZ-SAUCE

2 EL Olivenöl

2 Knoblauchzehen, zerdrückt

1 große Zwiebel, fein gehackt

250 g Wildpilze, in Streifen geschnitten

300 g mageres Geflügelfleisch

80 g Hähnchenleber, fein gehackt

120 g Parmaschinken, gewürfelt

150 ml Marsala

300 g Tomaten aus der Dose, gehackt

1 EL frisch gehacktes Basilikum

2 EL Tomatenmark

Salz und Pfeffer

1 Das Olivenöl für die Sauce in einem großen Topf erhitzen. Knoblauch, Zwiebel und Pilze hineingeben und 6 Minuten anbraten.

2 Das Geflügelfleisch sehr fein hacken oder durch den Fleischwolf drehen. Mit Leber und Schinken in den Topf geben und 12 Minuten braten, bis das Fleisch gebräunt ist.

3 Marsala, Tomaten, Basilikum und Tomatenmark einrühren und 4 Minuten kochen. Mit Salz und Pfeffer abschmecken, abdecken und 30 Minuten köcheln. Durchrühren und weitere 15 Minuten köcheln.

4 Den Boden einer eingefetteten Auflaufform mit Lasagne-Platten auslegen, eine Schicht Hackfleischsauce, dann eine Schicht Béchamel-Sauce darauf geben. Mit einer Lage Lasagne-Platten abschließen, den Vorgang zweimal wiederholen und mit einer Schicht Béchamel-Sauce enden. Mit geriebenem Käse bestreuen und 35 Minuten im vorgeheizten Backofen bei 190 °C goldbraun backen. Sofort servieren.

3

4

Hähnchen-Spinat-Lasagne

Für 4 Personen

350 g Blattspinat (Tiefkühlware), aufgetaut, abgetropft, gehackt
½ TL frisch geriebene Muskatnuss
450 g Hühnerfleisch, gekocht, gehäutet und gewürfelt
4 grüne Lasagne-Platten
1½ EL Speisestärke
425 ml Magermilch
4 EL frisch geriebener Parmesan
grüner Salat, zum Servieren

TOMATENSAUCE
400 g Tomaten aus der Dose, gewürfelt
1 Zwiebel, fein gehackt
1 Knoblauchzehe, zerdrückt
150 ml Weißwein
3 EL Tomatenmark
1 TL getrockneter Oregano
Salz und Pfeffer

1 Den Backofen auf 200 °C vorheizen. Für die Tomatensauce die Tomaten in einen Topf geben. Zwiebel, Knoblauch, Wein, Tomatenmark und Oregano zugeben und aufkochen. 20 Minuten einkochen. Mit Salz und Pfeffer abschmecken.

2 Den Spinat noch einmal auf Küchenpapier abtropfen lassen. Dann auf den Boden einer Auflaufform geben, mit der geriebenen Muskatnuss bestreuen und mit Salz und Pfeffer abschmecken.

3 Das Hühnerfleisch auf dem Spinat verteilen und mit der Tomatensauce übergießen, dann mit den Lasagne-Platten abdecken.

4 Die Speisestärke mit etwas Milch verrühren, dann die restliche Milch mit der Paste verrühren. Unter ständigem Rühren 2–3 Minuten erhitzen, bis die Flüssigkeit eingedickt ist, danach abschmecken.

5 Die Sauce über die Lasagne gießen, den Parmesan darüber streuen, die Auflaufform auf ein Backblech stellen und im Backofen 25 Minuten goldbraun backen. Mit grünem Salat servieren.

Tagliatelle mit Geflügelsauce

Für 4 Personen

250 g frische grüne Tagliatelle
1 EL Olivenöl
Basilikumblätter, zum Garnieren

TOMATENSAUCE
2 EL Olivenöl
1 kleine Zwiebel, gehackt
1 Knoblauchzehe, gehackt
400 g Tomaten aus der Dose, gewürfelt
2 EL frisch gehackte Petersilie
1 TL getrockneter Oregano
2 Lorbeerblätter
2 EL Tomatenmark
1 TL Zucker
Salz und Pfeffer

GEFLÜGELSAUCE
60 g Butter
400 g Hähnchenbrust ohne Haut und Knochen, in dünnen Streifen
100 g abgezogene Mandeln
300 g Crème double
Salz und Pfeffer

1 Für die Tomatensauce das Öl erhitzen und darin die Zwiebel glasig dünsten. Den Knoblauch zugeben und 1 Minute dünsten. Tomaten, Kräuter, Tomatenmark und Zucker einrühren. Nach Geschmack salzen und pfeffern. Aufkochen und köchelnd 15–20 Minuten auf die Hälfte reduzieren. Vom Herd nehmen und die Lorbeerblätter entfernen.

2 Für die Geflügelsauce die Butter in einer Pfanne zerlassen. Hähnchen und Mandeln zugeben und 5–6 Minuten pfannenrühren, bis das Fleisch gar ist.

3 Die Crème double in einem Topf aufkochen und bei schwacher Hitze etwa 10 Minuten auf die Hälfte reduzieren. Über Hähnchen und Mandeln geben, durchrühren und abschmecken. Beiseite stellen und warm halten.

4 Tagliatelle mit Olivenöl in Salzwasser bissfest kochen. Abgießen und in eine vorgewärmte Schüssel geben. Mit der Tomatensauce übergießen, und die Geflügelsauce darauf anrichten. Mit Basilikumblättern garnieren und servieren.

Hähnchen & Hummer auf Penne

Für 6 Personen

Butter, zum Einfetten
6 Hähnchenbrustfilets
Salz
500 g Penne rigate
6 EL Olivenöl, extra vergine
100 g frisch geriebener Parmesan
frische Kräuter, zum Garnieren

HUMMERFÜLLUNG
120 g Hummerfleisch, gehackt
2 Schalotten, sehr fein gehackt
2 Feigen, gehackt
1 EL Marsala
2 EL Semmelbrösel
1 großes Ei, verquirlt
Salz und Pfeffer

1 Für jede Hähnchenbrust 1 Stück Alufolie einfetten. Ein Backblech ebenfalls einfetten.

2 Die Zutaten für die Füllung gründlich mit einem Löffel in einer Schüssel verrühren.

3 In jede Hähnchenbrust eine Tasche schneiden und die Hummerfüllung hineingeben. Jede Hähnchenbrust in Alufolie einschlagen und auf dem Backblech 30 Minuten im vorgeheizten Backofen bei 200 °C backen.

4 In der Zwischenzeit Salzwasser in einem großen Topf aufkochen. Die Nudeln darin mit 1 Esslöffel Öl ca. 10 Minuten bissfest kochen. Abgießen und auf einem großen Servierteller anrichten. Das restliche Olivenöl und den Parmesan darüber geben und warm stellen.

5 Die Filets vorsichtig aus der Folie auspacken, sehr dünn aufschneiden und auf den Nudeln anrichten. Mit frischen Kräutern garnieren und sofort servieren.

Tortellini in Sahnesauce

Für 4 Personen

FÜLLUNG

- 120 g Hähnchenbrustfilet
- 60 g Parmaschinken
- 3 EL gekochter Blattspinat, abgetropft
- 1 EL fein gehackte Zwiebel
- 2 EL frisch geriebener Parmesan
- 1 Prise gemahlenes Piment
- 1 Ei, verquirlt
- Salz und Pfeffer
- 500 g Nudelteig (Grundrezept s. S. 50)
- 2 EL frisch gehackte Petersilie, zum Garnieren

SAUCE

- 300 g Sahne
- 2 Knoblauchzehen, zerdrückt
- 120 g Knopfchampignons, in dünne Scheiben geschnitten
- 4 EL frisch geriebener Parmesan

1 Für die Füllung Salzwasser in einem großen Topf aufkochen und das Hähnchenfleisch 10 Minuten darin pochieren. Leicht abkühlen lassen, dann mit Schinken, Spinat und Zwiebel im Mixer fein hacken. Parmesan, Piment und Ei einrühren und mit Salz und Pfeffer abschmecken.

2 Den Nudelteig dünn ausrollen und runde Scheiben von 5 cm Ø ausstechen.

3 In die Mitte jeder Scheibe 1 Teelöffel Füllung geben. Die Scheiben in der Mitte falten und die Ränder zusammendrücken. Jede Teigtasche einmal um den Zeigefinger wickeln, die Enden kreuzen und den Teigrand nach hinten umschlagen.

4 Die Tortellini 5 Minuten in Salzwasser bissfest kochen. Abgießen und auf einen Servierteller geben.

5 Sahne und Knoblauch aufkochen und 3 Minuten köcheln. Die Pilze und die Hälfte des Käses zugeben, mit Salz und Pfeffer abschmecken und 3 Minuten köcheln. Über die Tortellini geben. Mit Parmesan bestreuen, mit Petersilie garnieren und servieren.

3

3

Huhn „Nell Gwyn"

Für 4 Personen

2 EL Rapsöl
3 EL Olivenöl
4 Hähnchenbrustfilets à 250 g
150 ml Orangenlikör
1 EL Mehl
150 ml frisch gepresster Orangensaft
2 EL Zucchini, in Stifte geschnitten
2 EL rote Paprika, in Stifte geschnitten
2 EL Porree, in dünne Ringe geschnitten
Salz und Pfeffer
400 g Vollkorn-Spaghetti
3 große Orangen, filetiert
Schale von 1 Orange, in sehr dünne Streifen geschnitten
2 EL frisch gehackter Estragon
150 g Frischkäse oder Ricotta

1 Rapsöl und 1 Esslöffel Olivenöl in einer Pfanne erhitzen. Die Filets hineingeben und goldbraun anbraten. Den Orangenlikör zugeben und 3 Minuten kochen. Das Mehl einstreuen und unter Rühren 2 Minuten kochen.

1

2 Die Temperatur reduzieren, Orangensaft, Zucchini, Paprika und Porree zugeben und mit Salz und Pfeffer abschmecken. Die Sauce einige Minuten einkochen lassen.

2

3 Die Spaghetti mit 1 Esslöffel Olivenöl in Salzwasser etwa 10 Minuten bissfest kochen. Abgießen, in eine vorgwärmte Servierschüssel geben und mit dem restlichen Öl beträufeln.

4 Die Hälfte der Orangenfilets, die Hälfte der Orangenschale, Estragon und Frischkäse in die Sauce rühren und 3 Minuten kochen.

5 Das Fleisch auf den Nudeln anrichten, mit der Sauce übergießen und mit Orangenfilets und -schale garnieren. Sofort servieren.

4

Philippinisches Huhn

Für 4 Personen

330 ml Zitronenlimonade
2 EL Gin
4 EL Tomatenketchup
2 TL Knoblauchsalz
2 TL Worcestersauce
Pfeffer
4 Hähnchenbrustfilets
Eiernudeln, gekocht, 2 Frühlingszwiebeln, in Ringen, und 1 grüne Chili, fein gehackt, zum Servieren

1 Limonade, Gin, Ketchup, Knoblauchsalz, Worcestersauce und Pfeffer in einer großen Schüssel mischen.

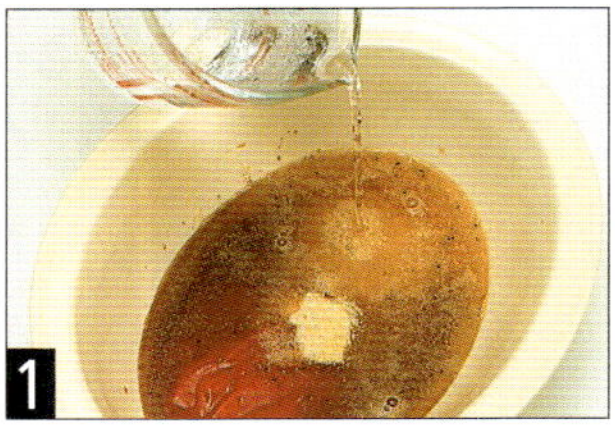
1

2 Das Hähnchenfleisch zugeben und in der Mischung wälzen.

2

3 Im Kühlschrank 2 Stunden marinieren. Dann herausnehmen und 30 Minuten ruhen lassen, bis das Fleisch Raumtemperatur hat.

4 Die Filets bei mittlerer Hitze 20 Minuten auf dem Grill oder im Backofengrill garen, dabei nach 10 Minuten wenden.

4

5 Vom Grill nehmen und vor dem Servieren 3–4 Minuten ruhen lassen.

6 Eiernudeln mit Frühlingszwiebeln und Chili garnieren und mit dem Hähnchenfleisch servieren.

Lasagne mit Fasan & Erbsen

Für 4 Personen

FÜLLUNG

250 g fetter Speck, gewürfelt

16 kleine Zwiebeln

3 EL Butter

8 große Fasanenbrüste, dünn aufgeschnitten

1 EL Mehl

600 ml Hühnerbrühe

1 Bouquet garni

LASAGNE

Butter, zum Einfetten

14 Lasagne-Platten, vorgekocht

800 ml Béchamel-Sauce (s. S. 98)

80 g geriebener Mozzarella

500 g frische Erbsen, geschält, zum Servieren

1 Den Speck 3 Minuten in sprudelndem Salzwasser blanchieren, abtropfen lassen und trockentupfen.

2 Den Speck mit den Zwiebeln in einer Pfanne leicht in Butter anbräunen. Herausnehmen.

3 Den Fasan in die Pfanne geben und bei schwacher Hitze rundum

2

12 Minuten rundum anbräunen. Dann in eine feuerfeste Form geben.

4 Das Mehl in die Pfanne rühren, anbräunen und die Brühe einrühren. Über den Fasan geben, Bouquet garni zufügen und 5 Minuten im vorgeheizten Backofen bei 200 °C garen. Bouquet garni entfernen. Zwiebeln, Speck und Erbsen zugeben und 10 Minuten im Backofen garen.

3

5 Fasanenbrust und Speck im Mixer zerkleinern.

6 Die Backofentemperatur auf 190 °C reduzieren. Lasagne-

5

Platten, Fasan-Hack und Béchamel-Sauce in einer feuerfesten Form übereinander schichten. Mit Käse bestreuen und 30 Minuten überbacken. Mit Erbsen und Zwiebeln servieren.

Hähnchen mit Knoblauch

Für 4 Personen

4 Knoblauchzehen, gehackt
4 Schalotten, gehackt
2 frische kleine rote Chillies, entkernt und gehackt
1 Stängel Zitronengras, fein gehackt
1 EL frisch gehackte Korianderblätter
1 TL Krabbenpaste
½ TL gemahlener Zimt
1 EL Tamarindenpaste
2 EL Öl
8 kleine Hähnchenteile, z. B. Flügel oder Unterkeulen
300 ml Hühnerbrühe
1 EL thailändische Fischsauce
1 EL Erdnussbutter
Salz und Pfeffer
4 EL geröstete Erdnüsse, gehackt
pfannengerührtes Gemüse und gekochte Nudeln, zum Servieren

1 Knoblauch, Schalotten, Chillies, Zitronengras, Koriander und Krabbenpaste im Mörser zu einer glatten Paste zerstoßen. Gemahlenen Zimt und Tamarindenpaste zugeben und unterrühren.

1

3

2 Das Öl im Wok oder einer großen Pfanne erhitzen. Die Hähnchenteile zugeben und unter häufigem Wenden rundum braun anbraten. Aus dem Wok nehmen und warm halten. Das Fett aus dem Wok abgießen.

3 Die Gewürzpaste in die Pfanne oder den Wok geben und bei mittlerer Hitze leicht anbraten. Die Hühnerbrühe einrühren und das Fleisch wieder in den Wok geben.

4 Zum Kochen bringen, dann gut abdecken und bei schwacher Hitze 25–30 Minuten köcheln, bis das Fleisch gar ist. Dabei gelegentlich rühren. Fischsauce und Erdnussbutter einrühren und weitere 10 Minuten köcheln.

5 Mit Salz und Pfeffer abschmecken, dann mit den gerösteten Erdnüssen bestreuen. Heiß zu pfannengerührtem Gemüse und gekochten Nudeln servieren.

Huhn mit Gemüse

Für 4 Personen

4 Hähnchenbrustfilets
Salz und Pfeffer
2 EL Olivenöl
1 EL Butter
1 große Zwiebel, fein gehackt
2 Knoblauchzehen, zerdrückt
2 rote, gelbe oder grüne Paprika, entkernt und in große Stücke geschnitten
250 g große Champignons, in Scheiben geschnitten oder geviertelt
200 g Tomaten, gehäutet und halbiert
150 ml trockener Weißwein
150–200 g grüne Oliven, entsteint
4–6 EL Crème double
glatte Petersilie, zum Garnieren

1 Das Hühnerfleisch würzen. Öl und Butter in einer Pfanne erhitzen, das Fleisch darin von jeder Seite goldbraun braten und herausnehmen.

2 Zwiebel und Knoblauch in der Pfanne glasig dünsten. Paprika und Pilze zufügen und ein paar Minuten unter gelegentlichem Rühren garen.

3 Die Tomaten unterrühren, mit Salz und Pfeffer abschmecken und die Gemüsemischung in eine Auflaufform geben. Hähnchenbrüste auf das Gemüsebett legen.

4 Den Wein in die Pfanne geben und aufkochen; dann über das Hähnchenfleisch gießen und die Form fest zudeckt im vorgeheizten Backofen bei 180 °C etwa 50 Minuten garen.

5 Oliven und Crème double zum Hähnchenfleisch in die Form geben und zugedeckt für weitere 10–20 Minuten im Backofen garen, bis das Fleisch sehr zart ist.

2

5

6 Abschmecken und zusammen mit der Gemüsesauce und den Nudeln servieren, mit frisch gehackter Petersilie garnieren.

Jungentenbrust auf Linguine

Für 4 Personen

4 Jungentenbrüste à 300 g
Salz und Pfeffer
1 EL Butter
3 EL fein gehackte Karotten
3 EL fein gehackte Schalotten
1 EL Zitronensaft
150 ml Fleischbrühe
4 EL klarer Honig
120 g Himbeeren
1 EL Mehl
1 EL Worcestersauce
400 g frische Linguine
1 EL Olivenöl
frische Himbeeren und 1 Zweig glatte Petersilie, zum Garnieren

1 Die Entenbrüste parieren, gitterförmig einschneiden und mit Salz und Pfeffer würzen. Die Butter in einer Pfanne zerlassen und die Entenbrüste leicht bräunen.

2 Karotten, Schalotten, Zitronensaft und die Hälfte der Brühe zugeben und 1 Minute köcheln. Je die Hälfte des Honigs und der Himbeeren einrühren. Die Hälfte des Mehls einrühren und 3 Minuten kochen. Pfeffern und die Worcestersauce zugeben.

3 Die restliche Brühe einrühren und 1 Minute kochen. Den Rest von Honig, Himbeeren und Mehl zufügen. Weitere 3 Minuten kochen.

4 Das Fleisch aus der heißen Sauce nehmen.

5 Salzwasser in einem großen Topf aufkochen. Die Linguine darin mit dem Olivenöl bissfest kochen. Abgießen und auf vier Teller verteilen.

6 Die Entenbrüste quer zur Faser 5 mm dick aufschneiden. Ein wenig Sauce über die Nudeln geben und die Scheiben fächerförmig darauf anrichten. Garnieren und servieren.

1

3

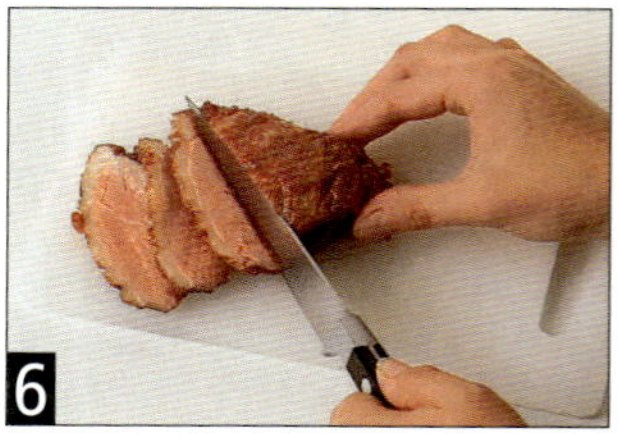
6

Fisch & Meeresfrüchte

Pasta zu Fisch und Meeresfrüchten – eine ideale Paarung. Beide werden nur kurz gegart, um ihre Konsistenz und ihr Aroma zu bewahren. Sie stecken voller wertvoller Nährstoffe und eröffnen nahezu unbegrenzte Variationsmöglichkeiten. Mit den Appetit anregenden Rezepten dieses Kapitels können Sie ihr kulinarisches Potenzial voll ausschöpfen. Wenn Sie ein schnelles, leicht zuzubereitendes und äußerst leckeres Abendessen suchen, probieren Sie doch den Makkaroni-Krabben-Auflauf, die Meeräsche mit Amaretto und Orangenlikör, Farfalle mit Meeresfrüchte-Medley oder Vermicelli vongole. Sie finden hier aber auch ausgefallenere und aufwändigere Rezepte für besondere Gelegenheiten wie z. B. Seebrasse mit Olivensauce auf Makkaroni, Pochierte Lachssteaks mit Penne, Rotzungen-Schellfisch-Ravioli oder gebutterten Hummer.

Gestürzter Nudelauflauf

Für 4 Personen

125 g kurze Makkaroni

1 EL Olivenöl

1 EL Butter, plus etwas mehr, zum Einfetten

500 g Weißfischfilets z. B. Kabeljau, Schellfisch oder Seelachs

einige frische Petersilienzweige

6 schwarze Pfefferkörner

125 g Crème double

2 Eier, getrennt

2 EL frisch gehackter Dill, ersatzweise Petersilie

1 Prise frisch geriebene Muskatnuss

Salz und Pfeffer

1 Portion Tomatensauce (s. S. 126), zum Servieren

Dill- oder Petersilienzweige, zum Garnieren

1 Die Nudeln in Salzwasser mit dem Öl bissfest kochen. Abtropfen lassen und zurück in den Topf geben. Die Butter zufügen und warm halten.

2 Fisch, Petersilie und Pfefferkörner in einer Pfanne knapp mit Wasser bedecken, aufkochen, abdecken und 10 Minuten köcheln. Fisch herausnehmen. Die Garflüssigkeit beiseite stellen. Wenn der Fisch abgekühlt ist, Haut und Gräten entfernen und den Fisch in kleine Stücke schneiden.

2

3 Nudeln in eine Schüssel geben. Crème double, Eigelb und Dill unterrühren. Den Fisch vorsichtig unterheben und so viel Garflüssigkeit zufügen, dass eine saftige, aber feste Masse entsteht. Das Eiweiß nicht zu steif schlagen und unter die Mischung heben. Mit Muskat, Salz und Pfeffer abschmecken.

3

3

4 Eine feuerfeste Form einfetten und die Mischung hineingeben, einen ca. 4 cm hohen Rand lassen. Die oberste Schicht mit Alufolie abdecken und am Rand entlang festdrücken.

5 Die Form auf eine Unterlage in einen Topf mit kochendem Wasser stellen (das Wasser sollte nur bis zur Hälfte der Schüssel reichen), abdecken und 1½ Stunden garen (gegebenenfalls heißes Wasser nachfüllen).

6 Den Auflauf auf eine Servierplatte stürzen. Etwas Tomatensauce darüber geben, den Rest separat reichen. Garnieren und sofort servieren.

Makkaroni-Krabben-Auflauf

Für 4 Personen

350 g Makkaroni
1 EL Olivenöl
100 g Butter
2 kleine Fenchelknollen, in dünne Scheiben geschnitten (das Grün aufbewahren)
150 g Champignons, in dünne Scheiben geschnitten
200 g Krabben, gegart und geschält
1 Prise Cayennepfeffer
350 ml Béchamel-Sauce (s. Tipp)
60 g frisch geriebener Parmesan
2 große Tomaten, in Scheiben geschnitten
Olivenöl, zum Bestreichen
1 TL getrockneter Oregano

1 Salzwasser in einem großen Topf aufkochen. Die Makkaroni darin mit dem Olivenöl bissfest garen. Abgießen, in den Topf zurückgeben und mit 2 Esslöffeln Butter mischen. Abdecken und warm halten.

2 Den Fenchel in der restlichen Butter 3–4 Minuten anbraten. Die Pilze zugeben und 2 Minuten mitbraten. Dann die Krabben einrühren und die Pfanne vom Herd nehmen.

2

2

3 Nudeln, Pfeffer, Krabbenmischung und Béchamel-Sauce vermengen, in eine eingefettete Auflaufform geben und mit Parmesan bestreuen. Die Tomatenscheiben am Rand auslegen, mit Olivenöl bepinseln und mit Oregano bestreuen.

3

4 Den Auflauf bei 180 °C im vorgeheizten Backofen 25 Minuten goldbraun backen und heiß servieren.

TIPP

Béchamel-Sauce: 30 g Butter schmelzen. 2 EL Mehl einrühren, 2 Minuten einkochen. Nach und nach 300 ml warme Milch einrühren. 1 klein geschnittene Zwiebel, 5 weiße Pfefferkörner and 2 Petersilienzweige zugeben. Mit Salz, getrocknetem Thymian and Muskat würzen. 15 Minuten köcheln. Durchsieben.

Forelle mit Räucherspeck

Für 4 Personen

4 Forellen à ca. 300 g, ausgenommen und geputzt
Salz und Pfeffer
12 Sardellenfilets, abgetropft und gehackt
2 Äpfel, geschält, entkernt und in Scheiben geschnitten
4 Minzezweige
Saft von 1 Zitrone
12 Scheiben durchwachsener Räucherspeck ohne Schwarte
Butter, zum Einfetten
schwarzer Pfeffer
500 g Tagliatelle
1 EL Olivenöl

1 Das Innere der Forellen mit warmem Salzwasser auswaschen.

2 Die Fische innen mit Salz und Pfeffer ausreiben.

3 Die Forellen mit Sardellen, Apfelscheiben und Minze füllen und mit Zitronensaft beträufeln.

4 Jeden Fisch in 3 Scheiben Speck einrollen, dabei Kopf und Schwanz aussparen.

5 Die Fische mit den Speckenden nach unten auf ein tiefes, eingefettetes Backblech legen. Mit schwarzem Pfeffer bestreuen und etwa 20 Minuten im vorgeheizten Backofen bei 200 °C garen. Nach 10 Minuten wenden.

6 Salzwasser in einem großen Topf aufkochen. Tagliatelle darin mit Öl bissfest kochen. Abtropfen lassen und auf einen vorgewärmten Servierteller geben.

7 Die Forellen aus dem Ofen nehmen und auf den Nudeln anrichten. Nach Belieben mit Apfelscheiben und Minzezweigen garnieren und sofort servieren.

Seebrasse mit Olivensauce auf Makkaroni

Für 4 Personen

SAUCE

- 4 Schalotten, fein gehackt
- 2 EL Butter, zerlassen
- 2 EL Kapern
- 180 g grüne Oliven, entsteint
- 4 EL Balsamico-Essig
- 300 ml Fischfond
- 300 g Sahne
- Salz und Pfeffer
- Saft von 1 Zitrone
- 500 g Makkaroni
- 1 EL Olivenöl
- 8 Seebrassen-Medaillons à 120 g
- Zitronenspalten, Porree und Karotten, zum Garnieren

1 Für die Sauce Schalotten 4 Minuten in der Butter dünsten. Kapern und gehackte Oliven zugeben und 3 Minuten dünsten.

2 Balsamico-Essig sowie Fischfond zugießen, und die Flüssigkeit auf die Hälfte einkochen. Dann die Sahne einrühren und die Sauce erneut auf die Hälfte eindicken. Mit Salz und Pfeffer abschmecken und mit dem Zitronensaft vermengen. Die Sauce vom Herd nehmen, beiseite stellen und warm halten.

3 Salzwasser in einem großen Topf aufkochen. Die Makkaroni darin mit dem Olivenöl bissfest garen.

4 Die Fischmedaillons von jeder Seite 4 Minuten braten, bis sie gar, aber noch saftig sind.

5 Die Nudeln abgießen und auf vier Tellern verteilen. Den Fisch darauf anrichten, mit der Sauce übergießen, mit Zitrone, Porree und Karotten garnieren und servieren.

Spaghetti al tonno

Für 4 Personen

200 g Thunfisch aus der Dose, abgetropft
50 g Sardellenfilets, abgetropft
250 ml Olivenöl
50 g glatte Petersilie, grob gehackt
150 g Crème fraîche
Salz und Pfeffer
500 g Spaghetti
1 EL Butter
schwarze Oliven und glatte Petersilie, zum Garnieren
knuspriges Brot, zum Servieren

1 Den Thunfisch in der Küchenmaschine mit den Sardellen, 225 ml Olivenöl und der Petersilie zu einer cremigen Masse verarbeiten.

2 Crème fraîche zugeben und mit der Thunfischpaste verrühren. Mit Salz und Pfeffer abschmecken.

3 Die Spaghetti in einem großen Topf mit Salzwasser und dem restlichen Olivenöl bissfest kochen.

4 Die Nudeln abgießen, in den Topf zurückgeben und bei mittlerer Hitze erneut erwärmen. Die Butter zugeben und gut mit den Nudeln vermengen. Dann die Sauce zugeben und ebenfalls gründlich mit den Nudeln mischen.

5 Den Topf vom Herd nehmen und die Spaghetti auf vier vorgewärmte Teller verteilen. Mit Oliven und Petersilie garnieren und mit knusprigem Brot servieren.

Meeräsche mit Amaretto & Orangensauce

Für 4 Personen

- 100 g Mehl
- Salz und Pfeffer
- 8 Meeräschenfilets
- 2 EL Butter
- 150 ml Fischfond
- 1 EL gemahlene Mandeln
- 1 TL rote Pfefferkörner
- 1 Orange, geschält und filetiert
- 1 EL Orangenlikör
- geriebene Schale von 1 unbehandelten Orange
- 500 g Orecchiette
- 1 EL Olivenöl
- 150 g Sahne
- 4 EL Amaretto
- 2 EL gehackter frischer Schnittlauch und 1 EL geröstete Mandeln, zum Garnieren

1 Das Mehl mit Salz und Pfeffer würzen und in eine flache Schüssel geben. Die Fischfilets darin wälzen. Die Butter in einer Pfanne zerlassen und den Fisch darin 3 Minuten bei schwacher Hitze bräunen.

1

2 Den Fischfond zugießen und 4 Minuten köcheln. Den Fisch vorsichtig herausheben und mit Alufolie abgedeckt warm stellen.

2

3 Mandeln, Pfefferkörner, die Hälfte der Orangenfilets, den Orangenlikör und die Schale in die Pfanne geben. Die Sauce auf die halbe Menge einkochen lassen.

3

4 In der Zwischenzeit Salzwasser in einem großen Topf aufkochen und die Orecchiette mit dem Olivenöl in ca. 15 Minuten bissfest kochen.

5 Die Sauce abschmecken, Sahne und Amaretto einrühren und 2 Minuten kochen. Die Fischfilets in die Sauce geben.

6 Die Nudeln abgetropft auf einen Servierteller geben. Fischfilets mit Sauce darauf anrichten. Mit den restlichen Orangenfilets, Schnittlauch und Mandeln garnieren und servieren.

Tintenfisch mit Makkaroni

Für 4 Personen

350 g Makkaroni
7 EL Olivenöl
2 Zwiebeln, in Ringe geschnitten
350 g Tintenfisch, geputzt und in Ringe geschnitten
250 ml Fischfond
150 ml Rotwein
2 EL Tomatenmark
350 g Tomaten, gehäutet und in Scheiben geschnitten
1 TL getrockneter Oregano
2 Lorbeerblätter
Salz und Pfeffer
2 EL frisch gehackte Petersilie
knuspriges Brot, zum Servieren

1 Salzwasser in einem großen Topf aufkochen. Die Makkaroni darin mit 1 Esslöffel Olivenöl 3 Minuten kochen. Abgießen und warm halten.

2

2 Das restliche Öl in einem zweiten Topf erhitzen. Die Zwiebeln darin glasig dünsten. Tintenfisch und Fischfond zugeben und 5 Minuten köcheln. Wein, Tomatenmark, Tomaten, Oregano und Lorbeer zufügen. Abschmecken und weitere 5 Minuten kochen.

3

3 Die Nudeln unterrühren. Den Topf abdecken und 10 Minuten köcheln, bis Tintenfisch und Nudeln weich sind und die Sauce eingedickt ist. Ist sie zu flüssig, einige Minuten im offenen Topf einkochen.

4

4 Die Lorbeerblätter entfernen. Den Großteil der Petersilie in die Sauce rühren, mit dem Rest das Gericht garnieren und mit Brot servieren.

Eiernudeln mit Garnelen

Für 4 Personen

225 g dünne Eiernudeln

2 EL Erdnussöl

1 Knoblauchzehe, zerdrückt

½ TL gemahlener Sternanis

1 Bund Frühlingszwiebeln, in 5 cm lange Stücke geschnitten

24 rohe Riesengarnelen, ausgelöst

2 EL helle Sojasauce

2 TL Limettensaft

Limettenscheiben, zum Garnieren

1 Die Nudeln in einem großen Topf mit kochendem Wasser etwa 2 Minuten blanchieren.

2 Abgießen, kalt abspülen und abtropfen lassen. Beiseite stellen und warm halten.

3 Das Öl in einem Wok fast bis zum Rauchen erhitzen.

4 Knoblauch und Sternanis darin 30 Sekunden anbraten.

5 Frühlingszwiebeln und Garnelen zugeben und 2–3 Minuten pfannenrühren.

6 Sojasauce, Limettensaft und Nudeln zufügen.

7 Dannach 1 Minute garen, bis alle Zutaten gut vermengt sind.

8 In eine vorgewärmte Schüssel füllen. Mit Limettenscheiben garnieren und sofort servieren.

Pochierte Lachssteaks mit Penne

Für 4 Personen

4 frische Lachssteaks à 250 g
60 g Butter
180 ml trockener Weißwein
1 Prise Meersalz
8 Pfefferkörner
frische Dillspitzen
1 frischer Estragonzweig
1 Zitrone, in Scheiben geschnitten
500 g Penne
2 EL Olivenöl
Zitronenscheiben und frische Brunnenkresse, zum Garnieren

ZITRONEN-KRESSE-SAUCE
1 EL Butter, 1 EL Mehl
150 ml warme Milch
Saft und geriebene Schale von 2 Zitronen
60 g Brunnenkresse, fein gehackt
Salz und Pfeffer

1 Den Lachs abgedeckt in einer großen beschichteten Pfanne mit Butter, Wein, Meersalz, Pfefferkörnern, Dill, Estragon und Zitrone 10 Minuten köcheln lassen.

2 Den Fisch mit einem Schaumlöffel vorsichtig aus dem Sud heben. Den Sud sieben und aufbewahren. Den Fisch von Haut und Gräten befreien und warm halten.

3 Die Penne in Salzwasser mit 1 Esslöffel Olivenöl bissfest garen. Abgießen, mit dem restlichen Öl vermengen, auf vorgewärmte Teller verteilen, den Lachs darauf anrichten und warm halten.

4 Für die Sauce Butter und Mehl anschwitzen. Die Milch und 7 Esslöffel des Fischsuds einrühren. Zitronensaft und -schale zufügen und unter Rühren 10 Minuten köcheln.

5 Die Brunnenkresse zufügen und mit Salz und Pfeffer abschmecken.

6 Die Sauce über Fisch und Nudeln geben, das fertige Gericht mit Zitronenscheiben und frischer Kresse garnieren und sofort servieren.

Cannelloni salmone

Für 4 Personen

8 grüne Lasagne-Platten
1 Zwiebel, in Ringe geschnitten
1 EL Butter
½ rote Paprika, gehackt
1 Zucchini, gewürfelt
1 TL frisch geriebene Ingwerwurzel
125 g Austernpilze, grob gehackt
250 g frische Lachsfilets, gehäutet und in Stücke geschnitten
2 EL trockener Sherry
2 TL Speisestärke
Salz und Pfeffer
1 EL Mehl
2 EL Butter
300 ml Milch
1 EL geriebener Emmentaler
½ EL frische Semmelbrösel
Salatblätter, zum Servieren

1 Die Lasagne-Platten in eine große Schüssel geben, mit kochendem Wasser bedecken und 5 Minuten auf höchster Stufe in der Mikrowelle garen. Einige Minuten zugedeckt ruhen lassen, dann die Lasagne-Platten unter fließendem kaltem Wasser abspülen und auf einer sauberen Arbeitsfläche ausbreiten.

2 Zwiebel und Butter zugedeckt auf höchster Stufe 2 Minuten in der Mikrowelle erhitzen. Paprika, Zucchini und Ingwer zufügen und weitere 3 Minuten garen.

3 Pilze und Lachs in eine Schüssel geben. Den Sherry mit der Speisestärke mischen und zugießen. 4 Minuten auf höchster Stufe in der Mikrowelle garen, bis sich der Fisch mit einer Gabel leicht zerteilen lässt. Dann mit Salz und Pfeffer abschmecken.

4 Mehl, Butter und Milch in einer Schüssel verrühren, 3–4 Minuten auf höchster Stufe in der Mikrowelle garen; dabei viermal durchrühren. Die Hälfte des Käses unterrühren und mit Salz und Pfeffer abschmecken.

5 Die Lachsfüllung auf einer kurzen Seite jeder Lasagne-Platte verteilen. Dann die Platten vorsichtig aufrollen. Die fertigen Canneloni in eine gefettete rechteckige Auflaufform legen, die Sauce darüber gießen und mit dem restlichen Käse und den Semmelbröseln bestreuen.

6 Die Canneloni 3 Minuten auf höchster Stufe in der Mikrowelle garen und anschließend kurz unter dem vorgeheizten Grill bräunen. Auf den Salatblättern anrichten und servieren.

1

3

5

Rotzungen-Schellfisch-Ravioli

Für 4 Personen

500 g Rotzungenfilets, gehäutet
400 g Schellfischfilets, gehäutet
3 Eier, verquirlt
500 g gekochte Gnocchi
175 g frische Semmelbrösel
50 g Sahne
450 g Nudelteig (s. S. 50)
300 ml Rotweinsauce (s. Tipp S. 96)
60 g frisch geriebener Parmesan
Salz und Pfeffer

TIPP

Für viereckige Ravioli den Teig halbieren. Beide Hälften dünn ausrollen. Die Füllung in regelmäßigen Abständen auf einer Teighälfte verteilen, die Zwischenräume mit Wasser oder Eiweiß bestreichen. Mit der zweiten Teighälfte bedecken und zwischen den Füllungen fest andrücken. Mit einem Messer ausschneiden.

1 Die Fischfilets in einer großen Rührschüssel zerkleinern.

2 Eier, Gnocchi, Semmelbrösel und Sahne in einer Schüssel mischen. Den zerkleinerten Fisch hineingeben und die Masse nach Belieben mit Salz und Pfeffer abschmecken.

2

3 Den Nudelteig auf einer leicht bemehlten Fläche ausrollen und 8 cm große Scheiben ausstechen.

3

4 Je 1 Löffel Füllung auf jede Scheibe geben. Die Ränder leicht befeuchten, den Teig über die Füllung schlagen und rundum andrücken.

4

5 Die Ravioli 2–4 Minuten in kochendem Salzwasser garen.

6 Ravioli mit einem Schaumlöffel herausheben, gut abtropfen lassen und in eine Servierschale geben. Mit der Rotweinsauce übergießen, mit geriebenem Parmesan bestreuen und sofort servieren.

Linguine mit gegrillten Sardinen

Für 4 Personen

8 Sardinenfilets

1 Fenchelknolle

4 EL Olivenöl

3 Knoblauchzehen, in Scheiben

1 TL Chiliflocken

350 g Linguine

½ TL fein geriebene Zitronenschale

1 EL Zitronensaft

2 EL Pinienkerne, geröstet

2 EL frisch gehackte Petersilie

Salz und Pfeffer

2

4

1 Die Sardinen waschen, mit Küchenpapier trockentupfen und grob hacken. Den Fenchel putzen, zähe Deckblätter entfernen und das Gemüse in hauchdünne Scheiben schneiden.

2 In einer großen Pfanne 2 Esslöffel Olivenöl erhitzen, Knoblauch und Chiliflocken zugeben und 1 Minute andünsten, dann den Fenchel zufügen. Bei mittlerer Hitze 4–5 Minuten weich dünsten, die gehackten Sardinen zugeben und 3–4 Minuten garen.

3 Unterdessen einen großen Topf mit Salzwasser zum Kochen bringen, Linguine und 1 Esslöffel Olivenöl zugeben und bissfest kochen. Abgießen und warm halten.

4 Zitronenschale und -saft, Pinienkerne, Petersilie, Salz und Pfeffer unter die Sardinen mischen. Mit dem restlichen Olivenöl zu der Pasta geben und vorsichtig alles vermengen. Nach Belieben mit Petersilie bestreut servieren.

Vermicelli mit Muscheln

Für 4 Personen

400 g Vermicelli oder Spaghetti
2 EL Olivenöl
1 EL Butter
2 Zwiebeln, gehackt
2 Knoblauchzehen, gehackt
400 g Venusmuscheln aus der Dose, abgetropft, Sud auffangen
125 ml Weißwein
4 EL frisch gehackte Petersilie
½ TL getrockneter Oregano
Pfeffer
1 Prise frisch geriebene Muskatnuss
2 EL frisch geriebener Parmesan
frische Basilikumblätter, zum Garnieren

1 Die Vermicelli mit der Hälfte des Olivenöls bissfest garen. Abgießen, in den Topf zurückgeben und mit der Butter mischen. Den Topf abdecken und die Nudeln warm halten.

2 Die Zwiebeln im restlichen Öl glasig dünsten. Den Knoblauch zugeben und 1 Minute mitdünsten.

3 Die Hälfte des Muschelsuds mit dem Wein zur Zwiebelmischung geben (den restlichen Muschelsud fortgießen). Aufkochen und 3 Minuten köcheln.

4 Muscheln, Petersilie und Oregano zugeben und mit Pfeffer und Muskatnuss würzen. Die Hitze reduzieren und die Sauce so lange sanft köcheln, bis alle Zutaten gleichmäßig erwärmt sind.

5 Die Nudeln in eine Schüssel füllen und mit der Sauce übergießen. Das fertige Gericht mit Parmesan bestreuen, mit Basilikum garnieren und sofort servieren.

Korsische Muschel-Spaghetti

Für 4 Personen

400 g frische Spaghetti
Salz und Pfeffer
MUSCHELSAUCE
900 g Venusmuscheln
4 EL Olivenöl
3 große Knoblauchzehen, zerdrückt
1 Prise Chilipulver (nach Belieben)
900 g Tomaten, gehäutet, entkernt und gehackt (Saft auffangen)
60 g Oliven, entsteint und gehackt
1 EL frisch gehackter oder ½ TL getrockneter Oregano

1 Die Muscheln in einer Schüssel mit leicht gesalzenem Wasser 30 Minuten einweichen. Unter kaltem Wasser abspülen und leicht abbürsten, um den Sand von den Schalen zu entfernen.

2 Zerbrochene oder offene Muscheln, die sich auf Klopfen hin nicht schließen, wegwerfen. Die Muscheln in einer Schüssel mit Wasser bedecken und ruhen lassen. In einem großen Topf Salzwasser für die Nudeln zum Kochen bringen.

2

3 Das Öl erhitzen. Knoblauch und nach Belieben Chilipulver zufügen und ca. 2 Minuten dünsten.

4 Tomaten, Oliven und Oregano zugeben. Die Hitze reduzieren und unter häufigem Rühren köcheln, bis die Tomaten weich sind und zu zerfallen beginnen. Abdecken und 10 Minuten köcheln.

5 Unterdessen die Spaghetti bissfest garen. Abgießen und 125 ml Kochwasser auffangen.

6 Muscheln und Nudelkochwasser unter die Sauce rühren und unter Rühren aufkochen. Muscheln, die sich nicht öffnen, wegwerfen, und die Sauce in einen größeren Topf gießen.

7 Spaghetti zufügen und so lange rühren, bis alle Nudeln gut mit Sauce bedeckt sind. Auf Teller verteilen und sofort servieren.

6

7

Nudeln mit Brokkoli & Sardellen

Für 4 Personen

500 g Brokkoli
400 g Orecchiette
5 EL Olivenöl
2 große Knoblauchzehen, zerdrückt
50 g eingelegte Sardellenfilets, abgetropft und gehackt
60 g frisch geriebener Parmesan
60 g frisch geriebener Pecorino
Salz und Pfeffer

1 Salzwasser in zwei Töpfen zum Kochen bringen. Brokkoliröschen und -stiele in kleine mundgerechte Stücke schneiden. Das Gemüse in einen Topf geben und kochen, bis es weich ist. Abgießen und beiseite stellen.

2 Die Nudeln in den anderen Topf geben und bissfest garen.

3 In der Zwischenzeit das Öl in einer großen Pfanne bei mittlerer Hitze erwärmen. Den Knoblauch zufügen und unter Rühren 3 Minuten dünsten, ohne ihn zu bräunen. Die Sardellen zufügen und weitere 3 Minuten garen, dabei mit einem Holzlöffel weiter zerdrücken.

4 Die Nudeln abgießen und zu den Sardellen geben. Den Brokkoli zufügen und gut vermengen.

5 Parmesan und Pecorino zufügen und bei mittlerer Hitze unter ständigem Rühren allmählich schmelzen lassen.

6 Noch einmal abschmecken (Sardellen und Käse sind sehr salzig), eventuell Pfeffer zugeben. In Schalen oder Teller füllen und sofort servieren.

Gebratene Garnelen

Für 4 Personen

4 Knoblauchzehen
20–24 große rohe Garnelen, ungeschält
125 g Butter
4 EL Olivenöl
6 EL Weinbrand
Salz und Pfeffer
2 EL frisch gehackte Petersilie
350 g frisch gekochte Nudeln, zum Servieren

1 Knoblauchzehen schälen und in feine Scheiben schneiden.

2 Garnelen unter fließend kaltem Wasser abspülen und mit Küchenpapier trockentupfen.

3 Butter mit dem Öl in einer großen Pfanne bei starker Hitze zerlassen. Knoblauch und Garnelen zugeben und unter ständigem Wenden ca. 3–4 Minuten anbraten, bis sich die Garnelen rosa verfärben.

4 Mit dem Weinbrand beträufeln, mit Salz und Pfeffer würzen und mit gehackter Petersilie bestreuen. Die Garnelen auf vier große, vorgewärmte Teller geben und mit den gekochten Nudeln servieren.

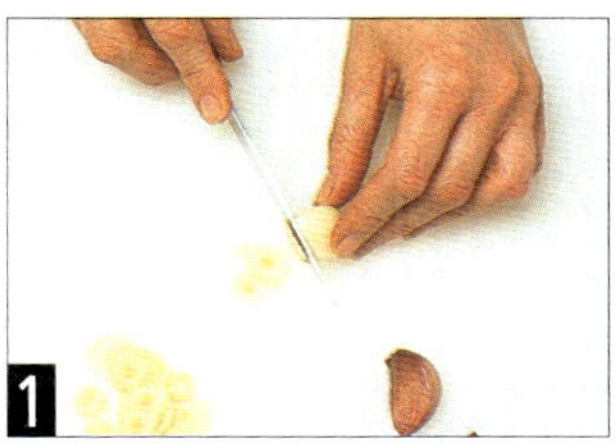

Spaghetti vongole

Für 4 Personen

900 g frische Venusmuscheln
2 EL Olivenöl
1 große Zwiebel, fein gehackt
2 Knoblauchzehen, fein gehackt
1 TL frische Thymianblätter
150 ml Weißwein
400 g Tomaten aus der Dose, gewürfelt
350 g Spaghetti
1 EL frisch gehackte Petersilie
Salz und Pfeffer

TIPP

Wenn Sie große Muscheln gekauft haben, legen Sie ein paar mit Schalen zur Garnierung zur Seite.

1 Die Muscheln 30 Minuten in Salzwasser einweichen. Nass in einem großen abgedeckten Topf unter gelegentlichem Schütteln 3–4 Minuten bei starker Hitze kochen, bis sie sich geöffnet haben. Vom Herd nehmen, durch ein Sieb abgießen und den Kochsud auffangen. Alle nicht geöffneten Muscheln wegwerfen.

1

2 Das Öl in einem Topf erhitzen, darin Zwiebel 10 Minuten leicht andünsten, aber nicht bräunen. Knoblauch und Thymian zugeben und weitere 30 Sekunden dünsten.

3

3 Die Hitze erhöhen, den Wein zugießen und dickflüssig einkochen. Die Tomaten und den Kochsud zugeben, abdecken und 15 Minuten köcheln. Weitere 15 Minuten ohne Deckel köchelnd eindicken lassen. Mit Salz und Pfeffer abschmecken.

4 Unterdessen einen großen Topf mit leicht gesalzenem Wasser zum Kochen bringen, die Nudeln zugeben, aufkochen und 8–10 Minuten bissfest kochen. Gut abtropfen lassen und wieder in den Topf geben.

5

5 Die Muscheln in die Tomatensauce geben und 2–3 Minuten erhitzen. Die Petersilie zugeben und gut durchrühren. Die Muschel-Tomaten-Sauce über die Nudeln geben und gründlich vermengen. Servieren.

Farfalle mit Meeresfrüchte-Medley

Für 4 Personen

12 rohe Riesengarnelen
12 rohe Krabben
125 g Süßwassergarnelen
450 g Meerbrassenfilets
60 g Butter
12 Jakobsmuscheln, ausgelöst
Saft und fein geriebene Schale von 1 Zitrone
1 Prise Safranpulver oder -fäden
1 l Gemüsebrühe
150 ml Rosenblütenessig (s. S. 109)
500 g Farfalle
1 EL Olivenöl
150 ml Weißwein
1 EL rosa Pfefferkörner
120 g kleine Karotten
150 g Sahne oder Frischkäse
Salz und Pfeffer
frische Petersilie, zum Garnieren

1 Die Garnelen und Krabben schälen und putzen. Die Brasse in Streifen schneiden. Die Butter in einer Pfanne zerlassen, Fisch und Meeresfrüchte 1–2 Minuten andünsten.

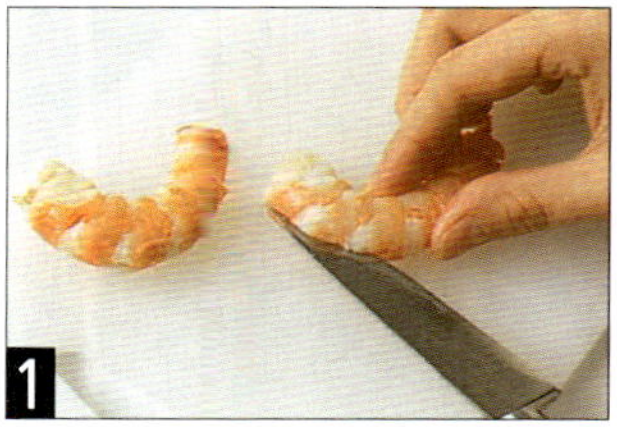

1

1

2 Mit schwarzem Pfeffer abschmecken. Zitronensaft und -schale zugeben. Den Safran in den Bratensaft (nicht aber auf die Meeresfrüchte) geben.

3 Die Meeresfrüchte aus der Pfanne nehmen und warm stellen.

4 Die Pfanne wieder auf den Herd stellen und die Brühe zugießen. Aufkochen und um ein Drittel einkochen lassen. Den Essig zugeben und 4 Minuten leicht eindicken.

4

5 Salzwasser in einem großen Topf aufkochen. Die Nudeln darin mit Olivenöl bissfest kochen. Abgießen und mit den Meeresfrüchten auf einem Servierteller anrichten.

6 Wein, Pfefferkörner und Karotten in die Pfanne geben und die Sauce 6 Minuten einkochen. Sahne oder Frischkäse zugeben und 2 Minuten kochen.

7 Die Sauce über Meeresfrüchte und Nudeln geben, mit Petersilie garnieren und servieren.

Gebutterter Hummer

Für 4 Personen

2 Hummer à 700 g, längs halbiert
Saft und geriebene Schale von 1 Zitrone
125 g Butter
4 EL frische Semmelbrösel
2 EL Weinbrand
5 EL Sahne oder Crème fraîche
Salz und Pfeffer
500 g Farfallini
1 EL Olivenöl
60 g frisch geriebener Parmesan
1 Kiwi, in Scheiben geschnitten, 4 ungeschälte Riesengarnelen, gekocht, und frische Dillzweige, zum Garnieren

1 Die Hummer ausnehmen. Das Fleisch aus dem Schwanz lösen und hacken. Scheren und Beine aufbrechen, das Fleisch auslösen und hacken. Das Fleisch in einer Schüssel mit Zitronensaft und -schale mischen.

1

2 Die Hummerpanzer gut säubern und bei 170 °C im Backofen trocknen.

3 In einer Pfanne 1 EL Butter zerlassen und die Semmelbrösel darin 3 Minuten knusprig und goldbraun rösten.

3

4 Die restliche Butter in einem Topf zerlassen, das Hummerfleisch darin sanft anbraten. Weinbrand zugießen und 3 Minuten kochen, mit Sahne oder Crème fraîche verfeinern und mit Salz und Pfeffer abschmecken.

5 Salzwasser in einem großen Topf aufkochen. Die Farfallini darin mit dem Olivenöl bissfest kochen. Abgießen und in die Hummerpanzer füllen. Mit dem gebutterten Hummer belegen und mit Parmesan und Semmelbröseln bestreuen. 2–3 Minuten goldbraun grillen.

6 Auf einem vorgewärmten Servierteller anrichten und mit Kiwi, Garnelen und Dill servieren.

5

Thailändische Nudeln

Für 4 Personen

350 g Riesengarnelen, gegart und geschält
120 g asiatische Eier-Bandnudeln
4 EL Öl
2 Knoblauchzehen, fein gehackt
1 Ei
2 EL Zitronensaft
4½ TL thailändische Fischsauce
½ TL Zucker
2 EL gehackte geröstete Erdnüsse
½ TL Cayennepfeffer
2 Frühlingszwiebeln, in 2,5 cm lange Streifen geschnitten
50 g Bohnensprossen
1 EL frisch gehackter Koriander
Zitronenspalten zum Garnieren

1 Die Garnelen auf Küchenpapier abtropfen und beiseite stellen. Die Nudeln nach Packungsanweisung kochen, gut abtropfen lassen und beiseite stellen.

2 Das Öl in einem Wok oder einer großen Pfanne erhitzen und den Knoblauch darin unter Rühren goldgelb anbraten. Das Ei zugeben und unter schnellem Rühren einige Sekunden garen.

3 Garnelen und Nudeln zugeben und gründlich mit Ei und Knoblauch vermengen.

4 Unter ständigem schnellem Rühren Zitronensaft, Fischsauce, Zucker, die Hälfte der Erdnüsse, Cayennepfeffer, Frühlingszwiebeln und die Hälfte der Bohnensprossen zugeben. Unter dauerndem Rühren 2 Minuten bei starker Hitze durchwärmen.

5 Auf einen vorgewärmten Servierteller geben und mit den restlichen Erdnüssen und Bohnensprossen sowie dem Koriander bestreuen. Mit Zitronenspalten garniert servieren.

Sesamnudeln mit Krabben & Koriander

Für 4 Personen

1 Knoblauchzehe, gehackt
1 Frühlingszwiebel, gehackt
1 frische kleine rote Chili, entkernt und in Ringe geschnitten
1 Hand voll frische Korianderblätter
300 g feine Eiernudeln
2 EL Öl
2 TL Sesamöl
1 TL Krabbenpaste
220 g Krabben, geschält
2 EL Limettensaft
2 EL thailändische Fischsauce
1 TL Sesamsaat, geröstet

1 Knoblauch, Frühlingszwiebel, Chili und Koriander im Mörser zu einer glatten Paste verarbeiten.

2 Die Eiernudeln in einen Topf mit kochendem Wasser geben, aufkochen und gemäß Packungsanweisung garen.

3 Unterdessen beide Öle in einem Wok erhitzen, Krabbenpaste und Koriandermischung zugeben und 1 Minute braten.

4 Die Krabben einrühren und 2 Minuten braten, bis sie sich rötlich verfärben. Limettensaft und Fischsauce zugeben und 1 weitere Minute garen.

5 Nudeln abgießen, in den Wok geben und gut vermengen. Mit Sesamsaat bestreuen und servieren.

Spaghetti frutti di mare

Für 4 Personen

250 g Spaghetti, in 15 cm lange Stücke gebrochen
2 EL Olivenöl
300 ml Hühnerbrühe
1 TL Zitronensaft
1 kleiner Blumenkohl, in Röschen zerteilt
2 Karotten, in dünne Scheiben geschnitten
120 g Zuckerschoten
60 g Butter
1 Zwiebel, in Ringe geschnitten
250 g Zucchini, in Scheiben geschnitten
350 g Krabben, gekocht und geschält
1 Knoblauchzehe, gehackt
Salz und Pfeffer
2 EL frisch gehackte Petersilie
1 EL frisch geriebener Parmesan
½ TL Paprika
4 Scampi, ungeschält, aber gegart, zum Garnieren

1 Salzwasser in einem großen Topf aufkochen. Spaghetti darin mit 1 Esslöffel Öl bissfest garen. Abgießen, in den Topf zurückgeben, mit dem restlichen Öl vermengen, abdecken und warm halten.

2 Brühe und Zitronensaft in einem Topf aufkochen. Blumenkohl und Karotten zufügen und 3–4 Minuten kochen, dann aus dem Topf nehmen und beiseite stellen. Anschließend die Zuckerschoten in der Brühe 1–2 Minuten kochen und mit dem restlichen Gemüse beiseite stellen.

3 Die Hälfte der Butter in einer Pfanne zerlassen. Zwiebel und Zucchinischeiben 3 Minuten darin anbraten. Krabben und Knoblauch zugeben, weitere 2–3 Minuten braten.

4 Das vorgegarte Gemüse in die Pfanne geben und erhitzen. Die Sauce abschmecken und die restliche Butter einrühren.

5 Die Nudeln auf vorgewärmte Teller verteilen, mit der fertigen Sauce und der Petersilie mischen, mit Parmesan und Paprika bestreuen, mit den Scampi garnieren und sofort servieren.

Pasta Sicilia

Für 4 Personen

6 EL Olivenöl
4 EL Semmelbrösel
450 g Brokkoli, in Röschen zerteilt
350 g Tagliatelle
4 Sardellenfilets, abgetropft und gehackt
2 Knoblauchzehen, in Scheiben
geriebene Schale von 1 Zitrone
1 gute Prise Chiliflocken
Salz und Pfeffer
frisch geriebener Parmesan, zum Servieren

1 In einer Pfanne 2 Esslöffel Olivenöl erhitzen, die Semmelbrösel zugeben und unter ständigem Rühren 4–5 Minuten braun braten. Herausnehmen und auf Küchenpapier abtropfen lassen.

2 Brokkoliröschen 3 Minuten in Salzwasser blanchieren. Abgießen, das Wasser zurückbehalten. Brokkoli unter kaltem Wasser abschrecken und erneut abtropfen lassen, dann mit Küchenpapier trockentupfen.

3 Das Brokkoliwasser wieder zum Kochen bringen, die Tagliatelle darin bissfest kochen.

4 Unterdessen 2 Esslöffel Olivenöl in einen Wok oder eine große Pfanne geben und die Sardellen darin 1 Minute erhitzen, dann mit dem Kochlöffel zu einer Paste zerdrücken. Knoblauch, Zitronenschale und Chiliflocken zugeben, 2 Minuten pfannenrühren, dann den Brokkoli zugeben und 3–4 Minuten erwärmen.

5 Die Pasta abgießen und mit dem restlichen Olivenöl, Salz und Pfeffer zu der Brokkolimischung geben und gut vermengen.

6 Auf Serviertellern anrichten und mit Parmesan bestreut servieren.

Pasta puttanesca

Für 4 Personen

3 EL Olivenöl
1 große rote Zwiebel, fein gehackt
4 Sardellenfilets, abgetropft
1 Prise Chiliflocken
2 Knoblauchzehen, fein gehackt
400 g Tomaten aus der Dose, gewürfelt
2 EL Tomatenmark
250 g Spaghetti
30 g schwarze Oliven, entsteint und grob gehackt
30 g grüne Oliven, entsteint und grob gehackt
1 EL Kapern, abgespült und abgetropft
4 sonnengetrocknete Tomaten in Öl, abgetropft und grob gehackt
Salz und Pfeffer

1 Das Öl in einem Topf erhitzen und Zwiebel, Sardellen und Chiliflocken unter regelmäßigem Rühren 10 Minuten bei schwacher Hitze andünsten und leicht bräunen. Knoblauch zugeben und 30 Sekunden dünsten. Tomaten und Tomatenmark zufügen, Hitze erhöhen und aufkochen. Die Hitze wieder reduzieren und 10 Minuten sanft köcheln.

2 Unterdessen die Spaghetti in einem großen Topf mit kochendem Salzwasser 8–10 Minuten bissfest kochen.

3 Oliven, Kapern und sonnengetrocknete Tomaten in die Sauce geben und 2–3 Minuten köcheln. Mit Salz und Pfeffer abschmecken.

4 Die Nudeln gut abtropfen, wieder in den Topf geben und die Sauce darüber geben. Gründlich vermengen, nach Belieben garnieren und servieren.

Tagliatelle mit Muscheln & Safran

Für 4 Personen

1 kg Miesmuscheln, gewaschen
150 ml Weißwein
1 Zwiebel, fein gehackt
1 EL Butter
2 Knoblauchzehen, zerdrückt
2 TL Speisestärke
300 g Sahne
einige Safranfäden
Salz und Pfeffer
1 Eigelb
Saft von ½ Zitrone
500 g Tagliatelle
1 EL Olivenöl
3 EL frisch gehackte Petersilie, zum Garnieren

1 Die Muscheln mit dem Wein und der Hälfte der Zwiebel in einem Topf abgedeckt unter gelegentlichem Schütteln garen, bis sich die Muscheln öffnen.

2 Abgießen und den Sud auffangen. Geschlossene Muscheln aussortieren. Bis auf die Muscheln für die Garnitur alle Schalen entfernen.

3 Den Sud aufkochen und auf die Hälfte einkochen. Dann vom Herd nehmen.

4 Die Butter in einem Topf zerlassen und den Knoblauch darin andünsten. Die Speisestärke zufügen und anschwitzen. Nach und nach den Sud und die Sahne einrühren. Safran zufügen, die Sauce mit Salz und Pfeffer abschmecken und eindicken lassen.

5 Eigelb, Zitronensaft und die geschälten Muscheln zufügen. Erwärmen, aber nicht mehr aufkochen.

6 Salzwasser in einem großen Topf aufkochen. Die Tagliatelle darin mit Olivenöl bissfest garen. Die Nudeln abgießen und in eine vorgewärmte Servierschüssel füllen. Die Muschelsauce zugeben und gut unterrühren. Das fertige Gericht mit Petersilie und den ungeschälten Muscheln garniert sofort servieren.

Zweierlei Muscheln

Für 4–6 Psersonen

1 1/4 kg Miesmuscheln
1/4 l trockener Weißwein
2 große Zwiebeln, gehackt
125 g Butter
6 große Knoblauchzehen, gehackt
5 EL frisch gehackte Petersilie
300 g Sahne
Salz und Pfeffer
400 g Conchiglie
1 EL Olivenöl
knuspriges Brot, zum Servieren

1 Die Muscheln unter kaltem Wasser säubern. Bärte entfernen und mit dem Wein und der Hälfte der Zwiebeln in einem geschlossenen Topf garen, bis sich ihre Schalen öffnen – den Topf gelegentlich schütteln.

1

2 Abgießen und den Sud auffangen. Geschlossene Muscheln aussortieren.

3 Restliche Zwiebeln 2–3 Minuten in Butter andünsten. Knoblauch zugeben und 1 Minute braten. Muschelsud, Petersilie und Sahne einrühren. Mit Salz und Pfeffer abschmecken und einige Minuten köcheln.

4 Salzwasser in einem großen Topf aufkochen. Die Nudeln mit dem Olivenöl bissfest garen, abgießen, in den Topf zurückgeben und warm stellen.

3

3

TIPP

Nudeln in Muschelform sind ideal, da die Sauce besonders gut an ihnen haftet.

5 Einige Muscheln für die Garnitur beiseite legen. Die übrigen aus den Schalen lösen, zur Sauce geben und kurz erwärmen.

6 Die Nudeln mit der Sauce mischen und in eine Servierschüssel geben. Das fertige Gericht mit den zurückbehaltenen Muscheln garnieren und mit warmem, knusprigem Brot servieren.

Spaghettini mit Krebsfleisch

Für 4 Personen

450 g helles und dunkles Fleisch vom Taschenkrebs
350 g Spaghettini
6 EL Olivenöl
2 Knoblauchzehen, fein gehackt
1 rote Chili, entkernt und fein gehackt
3 EL frisch gehackte Petersilie
1 TL fein geriebene Zitronenschale
2 EL Zitronensaft
Salz und Pfeffer
Zitronenspalten, zum Garnieren

TIPP

Wenn Sie lieber frische Krebse verwenden möchten, benötigen Sie ca. 1 kg.

1 Helles und dunkles Krebsfleisch in einer Schüssel vermengen.

2 Einen großen Topf mit Salzwasser zum Kochen bringen, Spaghettini und 1 Esslöffel Olivenöl zugeben und bissfest kochen. Abgießen, in den Topf zurückgeben und warm stellen.

3 Unterdessen 2 Esslöffel Olivenöl in einer Pfanne erhitzen, Knoblauch und Chili zugeben und 30 Sekunden andünsten. Krebsfleisch, Petersilie, Zitronenschale und -saft zufügen und unter ständigem Rühren dünsten, bis das Krebsfleisch gut durchgewärmt ist.

4 Das Krebsfleisch mit dem restlichen Olivenöl zu den Nudeln geben, abschmecken und gut vermengen. Mit Zitronenspalten garnieren und sofort servieren.

Neapolitanischer Salat

Für 4 Personen

500 g Kalmar, in Streifen geschnitten
750 g Miesmuscheln, gekocht
400 g Herzmuscheln in Lake, gekocht
150 ml Weißwein
300 ml Olivenöl
250 g Campanelle oder andere kleine Nudeln
Saft von 1 Zitrone
1 Bund gehacktes Schnittlauch
1 Bund fein gehackte frische Petersilie
Salz und Pfeffer
4 große Tomaten, geviertelt
gemischte Salatblätter
Basilikumzweige, zum Garnieren

1 Alle Meeresfrüchte in eine Schüssel geben, mit Wein und der Hälfte des Olivenöls übergießen und 6 Stunden marinieren.

2 Die Meeresfrüchte mit Marinade in einen Topf geben und 10 Minuten bei schwacher Hitze köcheln. Abkühlen lassen.

3 Salzwasser in einem großen Topf aufkochen. Die Nudeln darin mit 1 Esslöffel Öl bissfest kochen. Abgießen und in kaltem Wasser abschrecken.

4 Die Hälfte des Meeresfrüchtesuds weggießen, in den Rest Zitronensaft, Schnittlauch, Petersilie und das restliche Olivenöl einrühren. Mit Salz und Pfeffer abschmecken. Mit den Meeresfrüchten unter die Nudeln heben.

5 Die Salatblätter in mundgerechte Stücke schneiden. Den Meeresfrüchtesalat darüber geben, mit den Tomatenvierteln und einem Basilikumzweig garnieren.

VARIATION

Statt der Miesmuscheln können Sie gekochte Jakobsmuscheln, anstelle der Herzmuscheln auch Venusmuscheln verwenden.

1

4

5

Pasta vongole

Für 4 Personen

700 g frische Venusmuscheln
2 EL Olivenöl
2 Knoblauchzehen, zerdrückt
400 g gemischte Meeresfrüchte, z. B. Riesengarnelen, Kalmar und Miesmuscheln
150 ml Weißwein
150 ml Fischfond (s. S. 7)
700 g frische oder 350 g getrocknete Nudeln
2 EL frisch gehackter Estragon
Salz und Pfeffer

VARIATION

Eine rote Sauce erhält man, wenn man bei Schritt 4 zusammen mit der Brühe 8 Esslöffel passierte Tomaten in die Pfanne gibt.

1 Venusmuscheln sorgfältig säubern und alle bereits offenen Exemplare aussortieren.

2 Das Öl in einer großen Pfanne erhitzen. Knoblauch und Muscheln darin unter Schütteln 2 Minuten anbraten, bis alle Muscheln mit Öl bedeckt sind.

3 Meeresfrüchte zugeben und weitere 2 Minuten braten.

4 Wein und Fischfond zugießen und aufkochen. Dann die Pfanne abdecken, die Hitze reduzieren und 8–10 Minuten köcheln, bis sich die Schalen der Muscheln öffnen. Alle ungeöffneten Muscheln wegwerfen.

5 Währenddessen Salzwasser in einem großen Topf aufkochen. Die Nudeln darin bissfest kochen, anschließend abgießen.

6 Estragon unter die Sauce rühren und mit Salz und Pfeffer abschmecken.

7 Die Pasta in einer großen Schüssel mit der Sauce mischen und sofort servieren.

Eiernudeln „Singapur"

Für 4 Personen

225 g Eiernudeln
6 EL Öl
4 Eier, verquirlt
3 Knoblauchzehen, zerdrückt
1½ TL Chilipulver
225 g Hähnchenbrustfilet, in dünne Streifen geschnitten
3 Selleriestangen, in Scheiben
1 grüne Paprika, entkernt und in Streifen geschnitten
4 Frühlingszwiebeln, in Ringen
30 g Wasserkastanien, geviertelt
2 frische rote Chillies, geschnitten
300 g Garnelen, gekocht und geschält
175 g Bohnensprossen
2 TL Sesamöl

TIPP

Wenn Sie vorgekochte Zutaten zu einem Gericht geben, achten Sie immer darauf, dass diese Zutaten vor dem Servieren gut aufgewärmt und heiß sind.

1 Die Nudeln etwa 4 Minuten in kochendem Wasser garen, bis sie weich sind. Auf Küchenpapier abtropfen lassen.

2 In einem vorgewärmten Wok 2 Esslöffel Öl erhitzen. Die Eier zugeben und rühren, bis sie stocken. Aus dem Wok nehmen und warm stellen.

3 Das restliche Öl im Wok erhitzen. Knoblauch und Chilipulver darin 30 Sekunden anbraten.

4 Das Hähnchenfleisch zugeben und 4–5 Minuten pfannenrühren.

5 Sellerie, Paprika, Frühlingszwiebeln, Wasserkastanien und Chillies unterrühren. 8 Minuten pfannenrühren, bis das Hähnchenfleisch gar ist.

6 Garnelen, Nudeln und Bohnensprossen zugeben und gründlich vermengen.

7 Das Rührei mit einer Gabel zerteilen und über die Nudeln verteilen. Mit Sesamöl beträufeln und sofort servieren.

Vegetarische Gerichte

Die vielen großartigen Rezepte in diesem Kapitel werden jedem Anlass gerecht: schmackhafte vegetarische Komplettmahlzeiten, ungewöhnliche Gemüsebeilagen, Hauptgerichte und Salate, die z. B. auch optimal zu Picknicks oder sommerlichen Grillpartys passen. Dabei handelt es sich teils um Klassiker wie Cannelloni und Pesto al pasta, teils aber auch um originelle und mitunter überraschende neue Kombinationen von Pasta und Gemüse. Kreationen wie Spaghetti mit Artischocken, Spinat-Wildpilz-Lasagne, Ravioli di verdure und Drei-Käse-Makkaroni sowie innovative Beilagen wie Frittierte Nudeln mit Gemüse bringen willkommene Abwechslung in Ihren Speiseplan.

Pasta mit Zucchini & Käse

Für 4 Personen

60 g Pinienkerne
350 g Farfalle oder Conchiglie
1 EL Olivenöl
2 Zucchini, in Scheiben geschnitten
150 g Brokkoli, in Röschen zerteilt
200 g Frischkäse
150 ml Milch
1 EL frisch gehacktes Basilikum
150 g Champignons, in Scheiben geschnitten
100 g Blauschimmelkäse, zerkleinert
Salz und Pfeffer
grüner Salat, zum Servieren

1 Die Pinienkerne auf ein Backblech streuen und unter dem vorgeheizten Grill goldbraun rösten, dabei gelegentlich wenden.

2 Salzwasser in einem großen Topf aufkochen. Die Nudeln darin mit dem Olivenöl bissfest kochen.

3 Unterdessen das Gemüse 5 Minuten in kochendem Wasser blanchieren, bis es gerade gar ist.

4 Den Frischkäse in einen Topf geben und unter Rühren bei schwacher Hitze erwärmen. Die Milch einrühren. Basilikum und Pilze zugeben und 2–3 Minuten köcheln. Den Blauschimmelkäse einrühren und mit Salz und Pfeffer abschmecken.

5 Nudeln und Gemüse abgießen und in eine Schüssel geben. Mit der Sauce übergießen und mit den Pinienkernen bestreuen. Gut vermengen und mit Basilikum garniert servieren. Grünen Salat dazu reichen.

Pasta tricolore

Für 4 Personen

500 g Farfalle
4 EL Olivenöl
500 g Kirschtomaten
100 g Rucola
Salz und Pfeffer
Pecorino, zum Garnieren

1 Salzwasser in einem großen Topf aufkochen. Farfalle darin mit 1 Esslöffel Öl bissfest kochen. Abgießen und wieder in den Topf geben.

2 Die Kirschtomaten halbieren und den Rucola putzen.

3 Das restliche Olivenöl in einem großen Topf erhitzen. Die Tomaten 1 Minute dünsten. Farfalle und Rucola zugeben und vorsichtig vermengen. Erhitzen und mit Salz und Pfeffer abschmecken.

4 In der Zwischenzeit den Pecorino dünn abhobeln.

5 Farfalle und Gemüse auf einem vorgewärmten Servierteller anrichten. Mit Pecorino bestreuen und sofort servieren.

2

3

3

TIPP

Pecorino ist ein sehr kräftiger und aromatischer Hartkäse aus Schafsmilch und erinnert an Parmesan. Er wird oft in kleinen Mengen zum Reiben verwendet.

Grüne Tagliatelle mit Knoblauch

Für 4 Personen

2 EL Walnussöl
1 Bund Frühlingszwiebeln, in Ringen
2 Knoblauchzehen, in Scheiben
250 g Champignons, in Scheiben
500 g frische grüne und weiße Tagliatelle
1 EL Olivenöl
250 g frischer Spinat, abgetropft
120 g Weichkäse mit Knoblauch und Kräutern
4 EL Sahne
Salz und Pfeffer
60 g ungesalzene Pistazien, gehackt
2 EL frisch gehacktes Basilikum
frische Basilikumzweige, zum Garnieren
frisches Brot, zum Servieren

1 Das Walnussöl in einer großen Pfanne erhitzen. Frühlingszwiebeln und Knoblauch 1 Minute darin andünsten. Die Champignons zugeben, durchrühren, abdecken und 5 Minuten bei schwacher Hitze garen.

2 Tagliatelle mit Öl in Salzwasser bissfest kochen. Abgießen und wieder zurück in den Topf geben.

3 Den Spinat in die Pfanne geben und 1–2 Minuten erhitzen. Den Käse zugeben und schmelzen lassen. Die Sahne einrühren und erhitzen, ohne zu kochen.

4 Die Sauce über die Nudeln geben, mit Salz und Pfeffer abschmecken und gut vermengen. Unter ständigem Rühren kurz sanft erhitzen.

5 Die Nudeln auf einem Servierteller anrichten und mit Pistazien und Basilikum bestreuen. Mit den Basilikumzweigen garnieren und mit frischem Brot servieren.

Pasta mit Chilitomaten

Für 4 Personen

275 g Pappardelle
3 EL Erdnussöl
2 Knoblauchzehen, zerdrückt
2 Schalotten, in Ringen
225 g grüne Bohnen, in Stücken
100 g Kirschtomaten, halbiert
1 TL Chiliflocken
4 EL grobe Erdnussbutter
150 ml Kokosmilch
1 EL Tomatenmark

VARIATION

Nichtvegetarier können in Schritt 3 mit den Bohnen und Nudeln Hähnchen- oder Rindfleisch zufügen.

1 Die Nudeln in einem großen Topf mit Wasser 5–7 Minuten kochen, bis sie bissfest sind. Gut abtropfen lassen und beiseite stellen

2 Das Erdnussöl in einem großen vorgewärmten Wok erhitzen. Knoblauch und Schalotten zufügen und 1 Minute pfannenrühren.

3 Bohnen und Nudeln in den Wok geben und unter Rühren weitere 5 Minuten braten. Die Kirschtomaten zufügen und gut unterrühren.

3

3

4 Chiliflocken, Erdnussbutter, Kokosmilch und Tomatenmark verrühren. Die Sauce über die Nudeln geben, gründlich vermengen und erhitzen.

5 Auf vorgewärmte Teller geben und sofort servieren.

4

Ravioli di verdure

Für 4 Personen

FÜLLUNG

2 große Auberginen

3 große Zucchini

6 große Tomaten

1 große grüne Paprika, entkernt

1 große rote Paprika, entkernt

3 Knoblauchzehen

1 große Zwiebel

120 ml Olivenöl

60 g Tomatenmark

½ TL frisch gehacktes Basilikum

Salz und Pfeffer

ZUSÄTZLICH

500 g Nudelteig (Grundrezept s. S. 50)

1 EL Olivenöl

100 g Butter

150 g Sahne

80 g frisch geriebener Parmesan

1 Basilikumzweig, zum Garnieren

1 Für die Füllung Auberginen und Zucchini in 2 cm große Stücke schneiden. Die Auberginen salzen und für 20 Minuten zum Entwässern beiseite stellen. Danach abspülen und abtropfen lassen.

1

2 Die Tomaten 2 Minuten in sprudelndem Wasser blanchieren. Häuten und hacken. Die Paprika in 2 cm große Stücke schneiden. Knoblauch und Zwiebel hacken.

2

3 Das Öl in einem Topf erhitzen, mit Knoblauch und Zwiebel 3 Minuten andünsten.

4 Die restlichen Füllungszutaten zugeben und mit Salz und Pfeffer abschmecken. Abdecken und unter regelmäßigem Rühren 20 Minuten köcheln.

4

5 Den vorbereiteten Nudelteig ausrollen und 7 cm große runde Scheiben (oder Quadrate) ausstechen. 1 Löffel Füllung auf jede Scheibe geben. Die Ränder befeuchten, die Scheiben einschlagen und die Ränder festdrücken.

6 Die Ravioli mit dem Öl 3–4 Minuten in Salzwasser ziehen lassen. Abgießen und in eine Auflaufform schichten. Jede Lage mit Butterflocken belegen. Mit Sahne übergießen und mit Käse bestreuen. 20 Minuten im vorgeheizten Ofen bei 200 °C backen. Garnieren und servieren.

Sommer-Tagliatelle

Für 4 Personen

700 g Zucchini
6 EL Olivenöl
3 Knoblauchzehen, zerdrückt
3 EL gehacktes Basilikum
2 rote Chillies, in dünnen Ringen
Saft von 1 großen Zitrone
5 EL Sahne
4 EL Parmesan, gerieben
Salz und Pfeffer
400 g Tagliatelle

VARIATION

Alternativ können Sie anstelle der Zitrone auch Limettensaft und -schale verwenden.

1 Die Zucchini mit einem Schälmesser in dünne Bänder schneiden.

2 Das Öl in einer Pfanne erhitzen und den Knoblauch nur kurz darin andünsten.

3 Die Zucchini zugeben und bei mäßiger Hitze unter Rühren 5–7 Minuten mitdünsten. Basilikum, Chillies, Zitronensaft, Sahne und Parmesan einrühren und mit Salz und Pfeffer abschmecken.

4 In der Zwischenzeit die Tagliatelle in einem großen Topf mit Salzwasser 8–10 Minuten bissfest kochen. Anschließend gut abtropfen lassen und in eine vorgewärmte Servierschüssel füllen.

5 Die Zucchinimischung darauf verteilen und sofort servieren.

Spaghetti mit Artischocken

Für 4 Personen

3 EL Olivenöl
1 große rote Zwiebel, gehackt
2 Knoblauchzehen, zerdrückt
1 EL Zitronensaft
4 Babyauberginen, geviertelt
600 g passierte Tomaten
Salz und Pfeffer
2 TL feiner Zucker
2 EL Tomatenmark
400 g Artischockenböden aus der Dose, abgetropft und halbiert
125 g schwarze Oliven, entsteint
350 g Vollkornspaghetti
Basilikumzweige, zum Garnieren

1 In einer Pfanne 1 Esslöffel Öl erhitzen, Zwiebel, Knoblauch, Zitronensaft und Auberginen darin 4–5 Minuten bei schwacher Hitze goldbraun dünsten.

1

2 Passierte Tomaten zufügen, mit Salz und Pfeffer abschmecken. Zucker und Tomatenmark unterrühren. Aufkochen, die Temperatur reduzieren und 20 Minuten köcheln.

2

3

3 Artischocken und Oliven vorsichtig unterheben und 5 Minuten köcheln.

4 Inzwischen Salzwasser in einem großen Topf aufkochen. Die Nudeln darin mit etwas Olivenöl 8–10 Minuten bissfest kochen. Abtropfen lassen, mit dem restlichen Öl vermengen und mit Salz und Pfeffer abschmecken.

5 Die Spaghetti in eine vorgewärmte Schüssel geben, die Gemüsesauce darüber geben, mit Basilikumzweigen garnieren und nach Belieben mit Olivenbrot servieren.

Rote-Bete-Cannolicchi

Für 4 Personen

300 g Ditalini rigati
5 EL Olivenöl
2 Knoblauchzehen, gehackt
400 g Tomaten aus der Dose, gehackt
400 g gekochte Rote Bete, gewürfelt
2 EL frisch gehackte Basilikumblätter
1 TL Senfkörner
Salz und Pfeffer
gemischte Salatblätter, mit etwas Olivenöl vermengt, und 4 Eiertomaten, in Scheiben, zum Servieren

1 Salzwasser in einem großen Topf aufkochen. Die Nudeln darin mit 1 Esslöffel Öl bissfest kochen. Abgießen und beiseite stellen.

2 Das restliche Öl in einem großen Topf erhitzen und den Knoblauch 3 Minuten darin andünsten. Die gehackten Tomaten zugeben und 10 Minuten kochen.

3 Den Topf vom Herd nehmen, vorsichtig Rote Bete, Basilikum, Senfkörner und Nudeln zugeben und mit Salz und Pfeffer abschmecken.

4 Auf einem Bett aus Salatblättern und Tomatenscheiben servieren.

Pasta mit Chili & Paprika

Für 4 Personen

2 rote Paprika, halbiert und entkernt
4 Tomaten, halbiert
2 Knoblauchzehen
1 kleine rote Chili
50 g Mandeln, gemahlen
7 EL Olivenöl
700 g frische oder 350 g getrocknete Nudeln
frischer Oregano, zum Garnieren

1 Die Paprika und die Tomaten mit der Schnittseite nach unten mit Knoblauch und Chili auf ein Backblech legen und unter dem Grill 15 Minuten rösten, bis das Gemüse stellenweise schwarz geworden ist.

1

2 Paprika und Chili herausnehmen und in einem Plastikbeutel 10 Minuten ausschwitzen lassen.

3 Paprika und Chili häuten, entkernen und in Streifen schneiden.

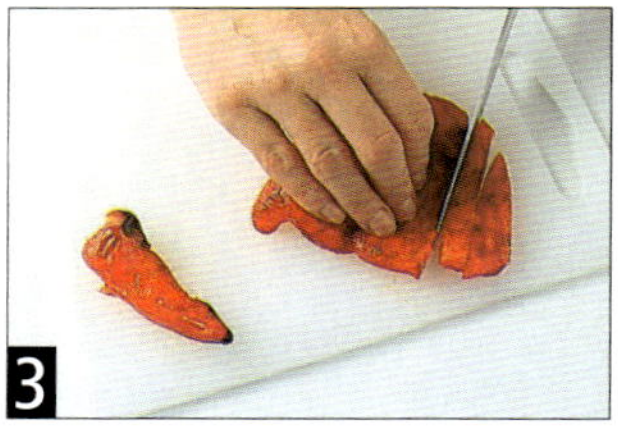
3

4 Knoblauch schälen, Tomaten häuten und entkernen.

5 Die Mandeln auf einem Backblech unter dem heißen Grill einige Minuten anrösten.

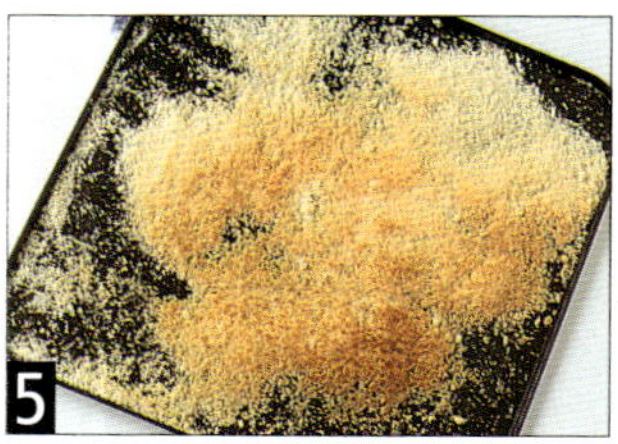
5

VARIATION

Abgekühlt und mit 2 Esslöffeln Rotweinessig verfeinert, ist die Sauce auch als Dressing verwendbar.

6 Währenddessen das vorbereitete Gemüse in der Küchenmaschine zu einer glatten Paste pürieren. Bei laufender Maschine das Olivenöl in einem dünnen Strahl zugießen und so lange unterrühren, bis die Sauce eindickt. Alternativ das Gemüse mit einer Gabel zerdrücken und das Olivenöl portionsweise unterrühren.

7 Die gerösteten Mandeln unter die Sauce rühren.

8 Die fertige Sauce vorsichtig aufwärmen.

9 Salzwasser in einem großen Topf aufkochen. Die Nudeln darin bissfest kochen. Anschließend abtropfen lassen, in eine große Schüssel geben, mit der heißen Sauce vermengen und mit Oregano garnieren.

Pasta al pesto

Für 4 Personen

250 g kleine Champignons, in Scheiben
150 ml frische Gemüsebrühe
150 g grüner Spargel, geputzt und in 5 cm lange Stücke geschnitten
300 g grüne oder weiße Bandnudeln (Tagliatelle)
400 g Artischockenherzen aus der Dose, abgetropft und halbiert
Grissini, zum Servieren
gehackte Basilikumblätter und Parmesanspäne, zum Garnieren

PESTO-SAUCE
2 große Knoblauchzehen, zerdrückt
20 g frische Basilikumblätter, gewaschen
6 EL Magerquark oder fettarmer Naturjoghurt
2 EL frisch geriebener Parmesan
Salz und Pfeffer

1 Die Pilze mit der Brühe in einem Topf aufkochen. Dann abgedeckt 3–4 Minuten kochen. Abgießen und beiseite stellen.

2 Den Spargel in einem Topf mit kochendem Wasser 3–4 Minuten kochen. Abgießen und beiseite stellen.

3 In einem Topf leicht gesalzenes Wasser aufkochen und die Nudeln bissfest kochen. Abgießen, wieder in den Topf geben und warm stellen.

4 Für die Pesto-Sauce alle Zutaten in einem Mixer oder mit dem Pürierstab zu einer glatten Masse verarbeiten. Alternativ das Basilikum fein hacken und mit den anderen Zutaten mischen.

5 Pilze, Spargel und Artischockenherzen zu den Nudeln geben und unter gelegentlichem Rühren bei leichter Hitze 2–3 Minuten erwärmen. Vom Herd nehmen, die Pesto-Sauce unterrühren und in einer vorgewärmten Schüssel anrichten. Mit gehackten Basilikumblättern und Parmesanspänen garnieren. Dazu nach Belieben Grissini reichen.

Pasta mit Sahnechampignons

Für 4 Personen

60 g Butter
2 EL Olivenöl
6 Schalotten, in Streifen geschnitten
500 g Knopfchampignons, in Scheiben geschnitten
Salz und Pfeffer
1 TL Mehl
150 g Crème double
2 EL Portwein
120 g sonnengetrocknete Tomaten, gehackt
frisch geriebene Muskatnuss
500 g Spaghetti
1 EL frisch gehackte Petersilie
8 Toast-Dreiecke, zum Servieren

1 Butter und 1 Esslöffel Öl in einem Topf erhitzen. Schalotten und Champignons bei schwacher Hitze dünsten. Mit Salz und Pfeffer abschmecken, mit Mehl bestreuen und unter Rühren 1 Minute braten.

2 Crème double und Portwein einrühren, die getrockneten Tomaten und 1 Prise Muskat zugeben und 8 Minuten bei schwacher Hitze kochen.

3 Salzwasser in einem großen Topf aufkochen. Die Spaghetti darin mit dem restlichen Öl bissfest kochen.

4 Die Spaghetti abgießen und wieder in den Topf geben. Die Pilzsauce darüber geben und 3 Minuten kochen. Die Nudeln auf einen großen Servierteller geben und mit Petersilie bestreuen. Mit knusprigen Toast-Dreiecken servieren.

VARIATION

Fleischfreunde können zusammen mit der Pilzsauce 125 g in dünne Streifen geschnittenen und in 1 EL Butter sanft erhitzten Parmaschinken zugeben.

Paglia e fieno

Für 4 Personen

60 g Butter
1 kg frische Erbsen, geschält
200 g Sahne
500 g frische grüne und weiße Spaghetti oder Tagliatelle
1 EL Olivenöl
60 g frisch geriebener Parmesan, plus etwas mehr, zum Servieren
Salz und Pfeffer
1 Prise frisch geriebene Muskatnuss

VARIATION

140 g Austernpilze in 60 g Butter bei niedriger Hitze 4–5 Minuten braten. In die Erbsen-Sahne-Sauce rühren, bevor sie in Schritt 4 über die Nudeln gegeben wird.

1 Die Butter in einem Topf zerlassen, Erbsen hineingeben und 2–3 Minuten bei schwacher Hitze kochen.

2 Mit einem Messbecher 150 g Sahne abmessen, in den Topf geben, aufkochen und köchelnd 1–2 Minuten leicht andicken lassen. Vom Herd nehmen.

3 In der Zwischenzeit Salzwasser in einem großen Topf aufkochen. Spaghetti oder Tagliatelle darin mit Olivenöl bissfest kochen. Den Topf vom Herd nehmen, die Nudeln gründlich abtropfen lassen und wieder in den Topf geben.

4 Die Sahnesauce zu den Nudeln geben. Den Topf wieder auf den Herd stellen, die restliche Sahne und den Parmesan zugeben und mit Salz, Pfeffer und Muskat abschmecken.

5 Die Nudeln mit zwei Gabeln vorsichtig mit der Sauce vermengen und dabei erhitzen.

6 In eine Servierschüssel geben und sofort mit Parmesan servieren.

Nudeln mit grünem Gemüse

Für 4 Personen

250 g Spiralnudeln

1 EL Olivenöl

1 Brokkoli, in kleine Röschen zerteilt

2 Zucchini, in Scheiben geschnitten

250 g grüner Spargel

125 g Zuckerschoten

125 g Erbsen

1 EL Butter

3 EL Gemüsebrühe

4 EL Sahne

Salz und Pfeffer

frisch geriebene Muskatnuss

2 EL frisch gehackte Petersilie

2 EL frisch geriebener Parmesan

1 Salzwasser in einem großen Topf aufkochen. Die Nudeln darin mit Olivenöl bissfest kochen. Abgießen, wieder in den Topf geben, abdecken und warm stellen.

2 Brokkoli, Zucchini, Spargel und Zuckerschoten im Dampfkochtopf garen, bis sie zart sind. Vom Herd nehmen und in kaltem Wasser abschrecken. Abtropfen lassen und beiseite stellen.

3 Salzwasser in einem kleinen Topf aufkochen und die Erbsen darin 3 Minuten garen. Abgießen, in kaltem Wasser abschrecken und erneut abtropfen lassen. Mit dem übrigen Gemüse beiseite stellen.

4 Butter und Brühe bei mittlerer Temperatur in einem Topf erhitzen. Das Gemüse bis auf einige Spargelstangen hineingeben, vermengen und erwärmen.

5 Sahne einrühren und erhitzen, aber nicht kochen. Mit Salz, Pfeffer und Muskat abschmecken.

6 Die Nudeln auf einen vorgewärmten Servierteller geben und mit Petersilie garnieren. Die Sauce darüber geben und mit Parmesan bestreuen. Die zurückbehaltenen Spargelstangen dekorativ darauf anrichten und sofort servieren.

4

5

Nudeln mit Tomatensauce

Für 2 Personen

1 EL Olivenöl
1 kleine Zwiebel, fein gehackt
1–2 Knoblauchzehen, zerdrückt
350 g Tomaten, gehäutet und gehackt
2 TL Tomatenmark
2 EL Wasser
Salz und Pfeffer
300 g Nudeln
100 g magerer Speck, ohne Schwarte, gewürfelt
50 g Champignons, in Scheiben geschnitten
1 EL frisch gehackte Petersilie, ersatzweise frisch gehackter Koriander
2 EL Frischkäse (nach Belieben)

1 Für die Tomatensauce das Öl in einem Topf erhitzen und Zwiebel und Knoblauch darin glasig dünsten.

2 Tomaten, Tomatenmark und Wasser zufügen. Aufkochen und mit Salz und Pfeffer abschmecken. Abdecken und 10 Minuten bei schwacher Hitze köcheln.

3 Inzwischen Salzwasser in einem Topf aufkochen. Die Nudeln darin mit etwas Olivenöl bissfest kochen. Abtropfen lassen und auf vorgewärmte Servierteller geben.

4 Den Speck in einer Pfanne zerlassen, Champignons zufügen und weitere 3–4 Minuten anbraten. Überschüssiges Fett abgießen.

5 Speck, Champignons, Petersilie und Frischkäse zur Tomatensauce geben, vorsichtig aufwärmen und zu den Nudeln reichen.

TIPP

Für eine leichtere Variante dieses Gerichts können Sie den Frischkäse, der ca. 30 % Fett enthält, durch fettarme saure Sahne ersetzen.

Nudel-Bohnen-Eintopf

Für 4 Personen

- 250 g getrocknete Gartenbohnen, eingeweicht und abgetropft
- 250 g Penne
- 6 EL Olivenöl
- 850 ml Gemüsebrühe
- 2 große Zwiebeln, in Ringen
- 2 Knoblauchzehen, zerdrückt
- 2 Lorbeerblätter
- 1 TL getrockneter Oregano
- 1 TL getrockneter Thymian
- 5 EL Rotwein
- 2 EL Tomatenmark
- 2 Selleriestangen, in Scheiben geschnitten
- 1 Fenchelknolle, in Streifen
- 120 g Champignons, in Scheiben
- 250 g Tomaten, in Scheiben
- Salz und Pfeffer
- 1 TL brauner Rohrzucker
- 4 EL Semmelbrösel
- Salatblätter und ofenfrisches Brot, zum Servieren

1 Die Bohnen in einem großen Topf mit kaltem Wasser bedecken. Aufkochen und 20 Minuten sprudelnd kochen. Abgießen und warm stellen.

2 Salzwasser in einem großen Topf aufkochen. Die Penne darin mit 1 Esslöffel Öl etwa 3 Minuten bissfest kochen. Gut abgießen und warm stellen.

3 Die Bohnen in eine große Auflaufform geben. Brühe zugeben und das restliche Öl, Zwiebeln, Knoblauch, Lorbeerblätter, Oregano, Thymian, Wein und Tomatenmark einrühren. Aufkochen, abdecken und 2 Stunden im vorgeheizten Backofen bei 180 °C garen.

4 Nudeln, Sellerie, Fenchel, Champignons und Tomaten zugeben und mit Salz und Pfeffer abschmecken. Den Zucker einrühren und den Eintopf mit Semmelbröseln bestreuen. Abdecken und 1 weitere Stunde im Ofen garen.

5 Auf Tellern anrichten und mit Salat und Brot servieren.

Spinat-Wildpilz-Lasagne

Für 4 Personen

120 g Butter, plus etwas mehr, zum Einfetten
2 Knoblauchzehen, zerdrückt
120 g Schalotten
250 g Wildpilze, z. B. Pfifferlinge
400 g Spinat, gekocht, abgetropft und fein gehackt
250 g geriebener Emmentaler
¼ TL frisch geriebene Muskatnuss
1 TL frisch gehacktes Basilikum
Salz und Pfeffer
60 g Mehl
600 ml Milch, erhitzt
60 g geriebener Gouda
8 Lasagne-Platten, vorgekocht
Brunnenkressesalat, zum Servieren

1 Eine feuerfeste Auflaufform leicht einfetten.

2 Die Hälfte der Butter in einem Topf zerlassen. Knoblauch, Schalotten und Pilze darin 3 Minuten bei schwacher Hitze andünsten. Spinat, Emmentaler, Muskat und Basilikum einrühren. Mit Salz und Pfeffer abschmecken und beiseite stellen.

3 Die restliche Butter in einem zweiten Topf bei schwacher Hitze zerlassen. Mehl einrühren und 1 Minute anschwitzen. Langsam unter ständigem Rühren die Milch zugießen. 1 Esslöffel Gouda einrühren und mit Salz und Pfeffer abschmecken.

4 Die Hälfte der Spinat-Pilz-Mischung in die Form geben. Mit 4 Lasagne-Platten bedecken, die Hälfte der Käsesauce darüber geben. Wiederholen und zum Schluss mit dem restlichen Gouda bestreuen. 30 Minuten im vorgeheizten Backofen bei 200 °C goldbraun backen. Heiß mit einem Brunnenkressesalat servieren.

2

2

4

Pasta mit Gemüse

Für 4 Personen

400 g Penne
2 EL Olivenöl
2 EL Butter
2 Knoblauchzehen, zerdrückt
1 grüne und 1 gelbe Paprika, in dünne Streifen geschnitten
16 Kirschtomaten, halbiert
1 EL gehackter Oregano
125 ml trockener Weißwein
2 EL schwarze Oliven, entsteint und geviertelt
Salz und Pfeffer
80 g Rucola
Oreganozweige, zum Garnieren

1 Die Penne in Salzwasser 8–10 Minuten bissfest kochen. Gut abgießen.

2 Öl und Butter in einer Pfanne erhitzen, bis die Butter schmilzt. Den Knoblauch darin 30 Sekunden andünsten, Paprika zugeben und 3–4 Minuten unter Rühren mitschmoren.

3 Kirschtomaten, Oregano, Wein und Oliven zufügen und 3–4 Minuten kochen. Mit Salz und Pfeffer abschmecken. Den Rucola zugeben und rühren, bis dieser zusammengefallen ist.

4 Die Penne in einer Servierschüssel mit der Sauce bedecken. Gut mischen, garnieren und sofort servieren.

TIPP

Falls Sie keinen Rucola finden, ist Spinat ein guter Ersatz. Bereiten Sie ihn ebenso zu wie den Rucola.

Gemüse-Tofu-Nudeln

Für 4 Personen

- 250 g grüner Spargel
- 150 g Zuckerschoten
- 250 g grüne Bohnen
- 1 Porreestange
- 250 g dicke Bohnen, ohne Schale
- 300 g Fusilli
- 3 EL Olivenöl
- Salz und Pfeffer
- 2 EL Butter
- 1 Knoblauchzehe, zerdrückt
- 250 g Tofu, in 2 cm dicke Würfel geschnitten
- 60 g grüne Oliven, entsteint und abgetropft
- frisch geriebener Parmesan, zum Servieren

1 Sämtliches Gemüse putzen. Den Spargel in 5 cm lange Stücke, die Zuckerschoten quer in Streifen und die grünen Bohnen in 3 cm lange Stücke schneiden. Den Porree fein hacken.

2 Spargel, grüne und dicke Bohnen in einem Topf mit kochendem Wasser 4 Minuten blanchieren, abtropfen lassen und unter fließendem kaltem Wasser abschrecken.

3 Salzwasser in einem großen Topf aufkochen. Die Fusilli darin mit 1 Esslöffel Olivenöl bissfest kochen. Abgießen, 1 Esslöffel Olivenöl einrühren und mit Salz und Pfeffer abschmecken.

4 Unterdessen das restliche Öl mit der Butter in einem Wok oder einer großen Pfanne erhitzen. Porree, Knoblauch und Tofu zugeben und unter ständigem Rühren 1–2 Minuten dünsten.

5 Die Zuckeschoten zugeben und 1 weitere Minute dünsten.

6 Nudeln, blanchiertes Gemüse und Oliven zufügen und noch 1 Minute dünsten, dann abschmecken und 1 weitere Minute dünsten. Auf einer vorgewärmten Servierplatte anrichten und mit geriebenem Parmesan bestreuen. Sofort servieren.

Gemüse-Cannelloni

Für 4 Personen

1 Aubergine
125 ml Olivenöl
250 g Spinat
2 Knoblauchzehen, zerdrückt
1 TL gemahlener Kreuzkümmel
100 g Champignons, geschnitten
Salz und Pfeffer
12 Cannelloni

TOMATENSAUCE
1 EL Olivenöl
1 Zwiebel, gehackt
2 Knoblauchzehen, zerdrückt
800 g Tomaten aus der Dose, in Stücken
1 TL Zucker
2 EL gehacktes Basilikum
50 g Mozzarella, in Scheiben

1

2

3

1 Die Aubergine in kleine Würfel schneiden. Das Öl in einer Pfanne erhitzen und die Aubergine 2–3 Minuten darin anschmoren.

2 Spinat, Knoblauch, Kreuzkümmel und Pilze zugeben, salzen und pfeffern. Unter Rühren 2–3 Minuten mitschmoren. Die Mischung in die Cannelloni füllen und diese nebeneinander in eine Auflaufform legen.

3 Für die Sauce das Olivenöl in einem Topf erhitzen, Zwiebel und Knoblauch darin 1 Minute andünsten. Tomaten, Zucker und Basilikum zufügen und zum Kochen bringen. Die Hitze reduzieren und ungefähr 5 Minuten köcheln lassen. Die Sauce über die Cannelloni gießen.

4 Die Mozzarellascheiben auf die mit Sauce übergossenen Cannelloni legen und im vorgeheizten Ofen bei 190 °C 30 Minuten backen, bis der Käse Blasen wirft und goldbraun ist. Sofort servieren.

Überbackene Käse-Tomaten-Makkaroni

Für 4 Personen

400 g kurze Makkaroni
200 g geriebener Gouda
100 g geriebener Parmesan
Salz und Pfeffer
4 EL frische Semmelbrösel
1 EL gehacktes Basilikum
1 EL Butter oder Margarine

TOMATENSAUCE
1 EL Olivenöl
1 Schalotte, fein gehackt
2 Knoblauchzehen, zerdrückt
800 g Tomaten aus der Dose, in Stücken
1 EL gehacktes Basilikum
Salz und Pfeffer

1 Für die Tomatensauce das Öl in einem Topf erhitzen, Schalotte und Knoblauch 1 Minute darin andünsten. Tomaten, Basilikum, Salz und Pfeffer zugeben und 10 Minuten unter Rühren bei mittlerer Hitze kochen.

2 Die Makkaroni 8 Minuten in Salzwasser bissfest kochen. Abgießen.

3 Beide Käsesorten mischen. Eine Auflaufform einfetten. Ein Drittel der Tomatensauce auf dem Boden verteilen, mit einem Drittel der Makkaroni und einem Drittel des Käses bedecken. Diese Schichtung noch zweimal wiederholen.

3

4

4 Semmelbrösel und Basilikum mischen und auf den Auflauf streuen. Die Butter- oder Margarineflocken darauf geben und im vorgeheizten Backofen bei 190 °C 25 Minuten überbacken, bis der Käse eine goldbraune Kruste bildet. Servieren.

Zucchini-Auberginen-Lasagne

Für 4 Personen

1 kg Auberginen
8 EL Olivenöl
1 EL Knoblauch-Kräuter-Butter
500 g Zucchini, in Scheiben geschnitten
Salz und schwarzer Pfeffer
250 g geriebener Mozzarella
600 g passierte Tomaten
6 grüne Lasagne-Platten, vorgekocht
600 ml Béchamel-Sauce (s. S. 98)
60 g frisch geriebener Parmesan
1 TL getrockneter Oregano

1 Die Auberginen in dünne Scheiben schneiden, salzen und 20 Minuten beiseite stellen. Abspülen und trockentupfen.

1

2 In einer großen Pfanne 4 Esslöffel Öl erhitzen. Die Hälfte der Auberginen 6–7 Minuten bei schwacher Hitze goldgelb braten. Abtropfen lassen und den Rest im restlichen Öl braten. Herausnehmen und gut abtropfen lassen.

3 Knoblauchbutter in der Pfanne zerlassen und die Zucchini darin 5–6 Minuten goldbraun braten. Abtropfen lassen.

4 Die Hälfte der Auberginen- und Zucchinischeiben abwechselnd in eine große Auflaufform schichten und mit Pfeffer abschmecken. Mit der Hälfte des Mozzarellas bestreuen, mit der Hälfte der passierten Tomaten bedecken und mit Lasagne-Platten belegen. Die Schichtung wiederholen und mit Lasagne-Platten abschließen.

4

5 Mit Béchamel-Sauce übergießen und mit Parmesan und Oregano bestreuen. Die Lasagne auf einem Backblech 35 Minuten im vorgeheizten Ofen bei 220 °C goldbraun backen. Servieren.

5

Tagliatelle in Kräutercreme

Für 4 Personen

500 g Brokkoli
300 g Knoblauch-Kräuter-Frischkäse
4 EL Milch
350 g frische Kräuter-Tagliatelle
30 g frisch geriebener Parmesan
Salz
frisch gehackter Schnittlauch, zum Garnieren

1 Brokkoli in gleich große Röschen teilen. Leicht gesalzenes Wasser in einem großen Topf zum Kochen bringen. Brokkoli darin bei mittlerer Hitze 3 Minuten garen, gut abtropfen lassen.

2 Frischkäse in einem Topf bei mittlerer Hitze unter ständigem Rühren schmelzen lassen. Milch zugießen und gut unterrühren.

3 Brokkoli in die Käsecreme geben und gut unterheben.

3

4

5

4 Inzwischen leicht gesalzenes Wasser in einem großen Topf zum Kochen bringen. Die Tagliatelle darin bei mittlerer Hitze in ca. 3–4 Minuten bissfest garen.

5 Nudeln gut abtropfen lassen und auf vier vorgewärmte Servierteller verteilen. Die Brokkoli-Käsecreme darüber geben. Mit geriebenem Parmesan bestreuen, mit Schnittlauch garnieren und sofort servieren.

Sahnenudeln mit Brokkoli

Für 4 Personen

60 g Butter
1 große Zwiebel, fein gehackt
500 g Bandnudeln
500 g Brokkoli, in Röschen zerteilt
150 ml kochende Gemüsebrühe
Salz und weißer Pfeffer
1 EL Mehl
150 g Sahne
60 g geriebener Mozzarella
frisch gemahlene Muskatnuss
frische Apfelscheiben, zum Garnieren

1 Die Hälfte der Butter in einem großen Topf bei mittlerer Hitze zerlassen und die Zwiebel darin 4 Minuten anbraten.

2 Nudeln und Brokkoli in den Topf geben und unter ständigem Rühren 2 Minuten anbraten. Die Brühe zugießen, aufkochen und 12 Minuten köcheln lassen. Mit Salz und Pfeffer abschmecken.

3 Die restliche Butter in einem Topf bei mittlerer Hitze zerlassen. Das Mehl einrühren und 2 Minuten anschwitzen. Nach und nach die Sahne einrühren. Erhitzen, aber nicht kochen. Den geriebenen Käse zugeben und mit Salz und etwas Muskat abschmecken.

4 Nudeln und Brokkoli abgießen und in die Käsesauce geben. Unter gelegentlichem Rühren 2 Minuten kochen. Das Gericht in eine vorgewärmte große Servierschüssel geben, mit Apfelscheiben garnieren und sofort servieren.

Mediterrane Spaghetti

Für 4 Personen

2 EL Olivenöl
1 große rote Zwiebel, gehackt
2 Knoblauchzehen, zerdrückt
1 EL Zitronensaft
4 kleine Auberginen, geviertelt
600 g passierte Tomaten
Salz und Pfeffer
2 TL Zucker
2 EL Tomatenmark
400 g Artischockenherzen aus der Dose, abgetropft und halbiert
120 g schwarze Oliven, entsteint
350 g Spaghetti
1 EL Butter
Basilikumzweige, zum Garnieren
Ciabatta mit Oliven, zum Servieren

1 In einer großen Pfanne 1 Esslöffel Olivenöl erhitzen. Zwiebel, Knoblauch, Zitronensaft und Auberginen 4–5 Minuten bei schwacher Hitze darin anbraten, bis Zwiebel und Auberginen leicht gebräunt sind.

2 Passierte Tomaten zugeben, mit Salz und Pfeffer abschmecken und Zucker und Tomatenmark einrühren. Aufkochen, dann unter Rühren 20 Minuten köcheln.

3 Artischockenherzen und Oliven einrühren und 5 Minuten kochen.

4 In der Zwischenzeit Salzwasser in einem großen Topf aufkochen. Die Spaghetti darin in 7–8 Minuten mit dem restlichen Olivenöl bissfest kochen.

5 Die Spaghetti abgießen und mit der Butter vermengen. Auf einen großen Servierteller geben.

6 Die Gemüsesauce über die Nudeln geben, mit frischem Basilikum garnieren und sofort mit Ciabatta servieren.

Tagliatelle mit Knoblauch

Für 4 Personen

2 EL Walnussöl
1 Bund Frühlingszwiebeln
2 Knoblauchzehen
250 g Champignons, in Scheiben
500 g frische grüne und weiße Tagliatelle
1 EL Olivenöl
250 g Spinat
120 g Weichkäse mit Knoblauch und Kräutern
4 EL Sahne
Salz und Pfeffer
60 g ungesalzene Pistazien, gehackt
2 EL frisch gehacktes Basilikum
Basilikumzweige, zum Garnieren

1 Das Walnussöl in einer großen Pfanne erhitzen. Frühlingszwiebeln in Ringe und Knoblauch in Scheiben schneiden. 1 Minute in der Pfanne andünsten.

2 Die Champignons zugeben, durchrühren, abdecken und 5 Minuten bei schwacher Hitze garen.

3 In der Zwischenzeit Salzwasser in einem großen Topf aufkochen. Die Tagliatelle darin mit Öl bissfest kochen. Abgießen und wieder zurück in den Topf geben.

4 Den Spinat in die Pfanne geben und 1–2 Minuten erhitzen. Den Käse zugeben und schmelzen lassen. Die Sahne einrühren und erhitzen, aber nicht mehr kochen.

5 Die Sauce über die Nudeln geben, mit Salz und Pfeffer abschmecken und vermengen. Unter Rühren etwa 3 Minuten sanft erwärmen.

6 Die Nudeln auf einem Servierteller anrichten und mit Pistazien und Basilikum bestreuen. Mit den Basilikumzweigen garnieren und nach Belieben mit italienischem Brot servieren.

4

5

Pasta-Auflauf „Provençale"

Für 4 Personen

4 EL Olivenöl
1 Zwiebel, in Ringe geschnitten
2 Knoblauchzehen, zerdrückt
3 rote Paprika, entkernt und in dünne Streifen geschnitten
3 Zucchini, in Scheiben geschnitten
400 g Tomaten aus der Dose, gehackt
3 EL Tomatenmark
2 EL frisch gehacktes Basilikum
Salz und Pfeffer
250 g frische Fusilli
150 g frisch geriebener Gruyère
frisches Basilikum, zum Garnieren

1 In einer gusseisernen Pfanne 3 Esslöffel Öl erhitzen, Zwiebel und Knoblauch zugeben und glasig dünsten. Paprika und Zucchini zugeben und unter Rühren weitere 5 Minuten dünsten.

2 Tomaten, Tomatenmark und Basilikum zugeben, mit Salz und Pfeffer abschmecken und mit geschlossenem Deckel 5 Minuten köcheln.

3 Unterdessen Salzwasser in einem großen Topf aufkochen. Die Nudeln darin mit 1 Esslöffel Öl bissfest kochen. Abgießen, zu der Gemüsemischung geben und gut vermengen.

4 Die Mischung in eine flache Auflaufform geben und mit dem Käse bestreuen.

5 Unter dem vorgeheizten Grill 5 Minuten backen, bis der Käse goldbraun ist und Blasen wirft. Mit frischem Basilikum garnieren und servieren.

1

3

4

Hausgemachte Nudeln

Für 2–4 Personen

NUDELN

125 g Mehl

2 EL Speisestärke

½ TL Salz

125 ml kochendes Wasser

5 EL Pflanzenöl

PFANNENGEMÜSE

1 Zucchini, in feinen Streifen

1 Selleriestange, in feinen Streifen

1 Karotte, in feinen Streifen

125 g Champignons, in Scheiben

125 g Brokkoli, Röschen und Stiele, letzere geschält und in dünnen Streifen

1 Porreestange, in Ringen

125 g Bohnensprossen

1 EL Sojasauce

2 TL Reisessig

½ TL Zucker

1 Nudeln: Mehl, Speisestärke und Salz in eine Schüssel sieben. Eine Mulde in die Mitte drücken. Das kochende Wasser und 1 Teelöffel Öl zugießen. Rasch zu einem weichen Teig vermengen. Abdecken und 5–6 Minuten ruhen lassen.

2 Kleine Teigstückchen abzupfen und zu Kügelchen rollen. Die Teigkügelchen mit dem Handteller auf einer leicht eingeölten Arbeitsplatte zu langen dünnen Nudeln ausrollen. Es macht nichts, wenn einige in kürzere Stücke zerreißen. Beiseite stellen.

3 Im Wok 3 Esslöffel Öl stark erhitzen. Nudeln im heißen Öl portionsweise je 1 Minute anbraten. Hitze reduzieren und 2 Minuten weitergaren. Herausnehmen, auf Küchenpapier abtropfen lassen und beiseite stellen.

4 Das übrige Öl im Wok erhitzen. Zucchini, Sellerie und Karotte darin 1 Minute unter Rühren anbraten. Champignons, Brokkoli und Porree zugeben und unter Rühren noch 1 Minute garen.

5 Bohnensprossen, Sojasauce, Reisessig und Zucker untermengen und unter Rühren miterwärmen.

6 Nudeln zugeben und unter vorsichtigem Wenden erhitzen. Anschließend sofort servieren.

Spaghetti mit Birnen-Walnuss-Sauce

Für 4 Personen

500 g Spaghetti
2 kleine reife Birnen, geschält und in Scheiben
150 ml Gemüsebrühe
100 ml trockener Weißwein
2 EL Butter, 1 EL Olivenöl
1 rote Zwiebel, geviertelt, in Ringen
1 Knoblauchzehe, zerdrückt
50 g Walnusskerne, halbiert
2 EL gehackter Oregano
1 EL Zitronensaft
100 g milder Blauschimmelkäse
Salz und Pfeffer
Oreganozweige, zum Garnieren

1 Spaghetti in Salzwasser bissfest kochen. Abgießen, warm stellen.

2 In der Zwischenzeit die Birnen in einem Topf mit Brühe und Wein übergießen. Bei mäßiger Hitze 10 Minuten pochieren. Abgießen, Kochflüssigkeit auffangen und wie die Birnen beiseite stellen.

3 Butter und Öl in einem Topf erhitzen, bis die Butter schmilzt. Zwiebel und Knoblauch darin 2–3 Minuten unter Rühren dünsten.

4 Walnüsse, Oregano und Zitronensaft einrühren.

5 Die Birnen mit 4 Esslöffeln der Pochierflüssigkeit zugeben und unterrühren.

6 Den Käse in den Topf krümeln und die Mischung 1–2 Minuten bei mäßiger Hitze kochen, bis der Käse zu schmilzen beginnt. Dabei gelegentlich umrühren. Die Sauce mit Salz und Pfeffer würzen.

7 Die Spaghetti mit der Sauce vermengen, garnieren und servieren.

2

4

Cannelloni mit Ricotta

Für 4 Personen

20 getrocknete Cannelloni oder 20 frische Pastaplatten, zu dünnen Rechtecken ausgerollt
1 TL Öl (falls getrocknete Pasta)
250 g Ricotta
150 g Spinat
1/2 kleine rote Paprika, gewürfelt
2 Frühlingszwiebeln, gehackt
Salz und Pfeffer
150 ml Gemüse- oder Hühnerbrühe, erhitzt
1 Portion fertige Basilikum-Tomaten-Sauce
50 g frisch geriebener Pecorino

1 Getrocknete Cannelloni müssen in der Regel vorgekocht werden. Nach Packungsanleitung Salzwasser in einem großen Topf aufkochen, 1 Teelöffel Öl zufügen und die Cannelloni portionsweise darin 3–4 Minuten kochen.

2 Ricotta, Spinat, Paprika und Frühlingszwiebeln in einer Schüssel vermengen und mit Salz und Pfeffer abschmecken.

3 Eine große Auflaufform leicht einfetten. Die Cannelloni mit der Ricottamischung füllen und in die Form geben. Falls Sie frische Pastaplatten benutzen: An einem Ende mit einem Teil der Ricottamischung belegen und zum anderen Ende hin aufrollen.

4 Die Brühe mit der Basilikum-Tomaten-Sauce mischen und über die Cannelloni gießen.

5 Anschließend mit dem Käse bestreuen und in einem vorgeheizten Backofen bei 190 °C 20–25 Minuten goldbraun backen, bis die Cannelloni gar sind.

Tortelloni mit Champignons

Ergibt 36 Stück

300 g fertiger Nudelteig
3 EL Butter
50 g Schalotten, fein gehackt
3 Knoblauchzehen, zerdrückt
50 g Champignons, geputzt und fein gehackt
½ Selleriestange, fein gehackt
2 EL frisch geriebener Pecorino
Salz und Pfeffer
1 EL Öl
frisch gemahlener schwarzer Pfeffer
geriebener Pecorino, zum Garnieren

1 Nudelteig dünn ausrollen. Mit einem gezackten Teigrad 72 Quadrate mit einer Seitenlänge von je 5 cm aus dem Pastateig schneiden. Die Quadrate mit Frischhaltefolie abdecken, damit sie nicht austrocknen.

1

4

4

2 In einer Pfanne 1 EL Butter zerlassen. Schalotten, 1 Knoblauchzehe, Champignons und Sellerie 4–5 Minuten darin dünsten.

3 Die Pfanne vom Herd nehmen, den Pecorino einrühren und mit Salz und Pfeffer abschmecken.

4 Auf 36 Teigquadrate je 1 Teelöffel der fertigen Mischung verteilen. Die Ränder der Quadrate mit Wasser befeuchten, die restlichen 36 Teigstücke darüber legen und an den Rändern fest zusammendrücken. Dann 5 Minuten ruhen lassen.

5 Salzwasser in einem großen Topf aufkochen, Öl zufügen und die Tortelloni darin portionsweise garen, bis sie an die Wasseroberfläche steigen. Mit einer Schaumkelle aus dem Topf nehmen und gut abtropfen lassen.

6 Während die Tortelloni kochen, die restliche Butter in einen Topf geben und zerlassen. Die restlichen Knoblauchzehen und reichlich Pfeffer zufügen und kurz erhitzen. Die Tortelloni auf Portionsteller verteilen, mit der noch warmen Knoblauchbutter übergießen, mit Pecorino garnieren und sofort servieren.

Pasta mit Spinat & Pinienkernen

Für 4 Personen

400 g Nudeln

125 ml Olivenöl

2 Knoblauchzehen, zerdrückt

1 Zwiebel, geviertelt und in Ringen

3 große Champignons, in Scheiben

250 g Spinat

2 EL Pinienkerne

100 ml trockener Weißwein

Salz und Pfeffer

geriebener Parmesan, zum Garnieren

TIPP

Reiben Sie ein wenig Muskatnuss über das Gericht, das verleiht der Pasta ein ganz besonderes Aroma.

1 Die Nudeln 8–10 Minuten in Salzwasser bissfest kochen. Gut abgießen.

2 In der Zwischenzeit das Öl in einem großen Topf erhitzen, Knoblauch und Zwiebel 1 Minute darin andünsten.

3 Die Champignons zugeben und 2 Minuten mitdünsten, dabei gelegentlich umrühren.

4 Den Spinat zufügen und 4–5 Minuten dünsten, bis er zusammenfällt.

5 Pinienkerne und Wein einrühren, mit Salz und Pfeffer abschmecken und 1 Minute kochen.

6 Die Nudeln in eine vorgewärmte Schüssel geben und mit der Sauce bedecken. Gut vermengen, mit dem geriebenen Parmesan garnieren und sofort servieren.

Auberginen mit Nudelfüllung

Für 4 Personen

- 250 g Penne oder andere kurze Nudeln
- 4 EL Olivenöl, plus etwas mehr, zum Bestreichen
- 2 große Auberginen
- 1 große Zwiebel, gehackt
- 2 Knoblauchzehen, zerdrückt
- 400 g Tomaten aus der Dose, gehackt
- 2 TL getrockneter Oregano
- Salz und Pfeffer
- 60 g Mozzarella, in dünne Scheiben geschnitten
- 2 EL frisch geriebener Parmesan
- 2 EL Semmelbrösel
- Salatblätter, zum Servieren

1 Die Nudeln in einem großen Topf mit Salzwasser und 1 Esslöffel Öl bissfest kochen. Abgießen, wieder in den Topf geben, abdecken und warm halten.

2 Die Auberginen längs halbieren und das Fruchtfleisch kreuzförmig einschneiden, ohne die Schale zu beschädigen. Das Fruchtfleisch auslösen und das Innere mit Öl bestreichen. Das Fruchtfleisch hacken und beiseite stellen.

3 Die Zwiebel im restlichen Öl glasig dünsten. Den Knoblauch zugeben und 1 Minute andünsten. Das gehackte Fruchtfleisch der Auberginen zugeben und 5 Minuten mitbraten. Tomaten und Oregano zufügen und mit Salz und Pfeffer abschmecken. Aufkochen und 10 Minuten köcheln lassen. Vom Herd nehmen und mit den Nudeln vermengen.

4 Ein Backblech mit Öl einfetten und die ausgehöhlten Auberginen darauf legen. Die Hälfte der Füllung darauf verteilen. Mit Mozzarella belegen und mit der restlichen Füllung bedecken. Parmesan und Semmelbrösel mischen und darüber streuen.

5 Bei 200 °C im vorgeheizten Backofen 25 Minuten goldbraun backen. Mit grünem Salat servieren.

Frittierte Nudeln mit Gemüse

Für 4 Personen

350 g Eiernudeln
2 EL Erdnussöl
2 Knoblauchzehen, zerdrückt
½ TL gemahlener Sternanis
1 Karotte, in dünnen Stiften
1 grüne Paprika, in dünnen Streifen
1 Zwiebel, geviertelt, in Ringen
125 g Brokkoli, in Röschen zerteilt
80 g Bambussprossen
1 Selleriestange, in Scheiben
1 EL helle Sojasauce
150 ml Gemüsebrühe
Öl, zum Frittieren
1 TL Speisestärke
2 TL Wasser

1 Die Nudeln 1–2 Minuten in Salzwasser kochen. Abgießen, kalt abspülen. Abtropfen lassen.

2 Das Öl in einem vorgewärmten Wok bis zum Rauchen erhitzen, dann die Hitze reduzieren. Knoblauch und Sternanis 30 Sekunden darin unter Rühren anbraten. Das Gemüse zugeben und 1–2 Minuten pfannenrühren.

2

3 Sojasauce und Brühe zugießen, bei geringer Hitze 5 Minuten kochen.

3

4 Das Frittieröl auf 180 °C erhitzen, sodass ein Brotwürfel darin in 30 Sekunden knusprig braun wird.

5 Die Nudeln mit Küchenpapier gründlich trockentupfen. Dann zu kleinen Nestern formen und portionsweise knusprig frittieren, dabei einmal wenden. Zum Abtropfen auf Küchenpapier legen.

5

6 Die Speisestärke im Wasser auflösen und in das Gemüse rühren. Dann aufkochen, dabei weiterrühren, bis die Sauce eindickt.

7 Die Nudeln auf einer vorgewärmten Platte anrichten, das Gemüse darüber verteilen und servieren.

Makkaroni-Mais-Pfannkuchen

Für 4 Personen

2 Maiskolben

60 g Butter

125 g rote Paprika, entkernt und klein gewürfelt

300 g kurze Makkaroni

150 g Sahne

1 EL Mehl

4 Eigelb

4 EL Olivenöl

Salz und Pfeffer

Austernpilze und gebratener Porree, zum Servieren

1 Salzwasser in einem großen Topf aufkochen und die Maiskolben darin etwa 8 Minuten kochen. Abgießen und etwa 3 Minuten unter kaltem Wasser abschrecken. Sorgfältig die Körner ablösen und zum Trocknen beiseite stellen.

2 In einer Pfanne 1 Esslöffel Butter zerlassen und die Paprika darin 4 Minuten bei schwacher Hitze dünsten. Abtropfen und mit Küchenpapier trockentupfen.

3 Salzwasser in einem großen Topf aufkochen und die Makkaroni darin bissfest kochen. Abgießen und zum Abkühlen in kaltes Wasser geben.

4 Sahne, Mehl, etwas Salz und das Eigelb in einer Schüssel glatt verquirlen. Mais und Paprika zugeben. Die Makkaroni abgießen und mit dem Teig vermengen. Mit Pfeffer abschmecken.

5 Die restliche Butter mit dem Öl in einer Pfanne zerlassen. Den Teig löffelweise in die Pfanne geben und flach drücken. Von beiden Seiten goldgelb braten. Mit Austernpilzen und gebratenem Porree servieren.

Makkaroni-Auflauf

Für 4 Personen

500 g kurze Makkaroni
1 EL Olivenöl
60 g Bratfett
500 g Kartoffeln, in dünnen Scheiben
400 g Zwiebeln, in Ringen
250 g geriebener Mozzarella
Salz und Pfeffer
150 g Sahne
ofenfrisches Brot und Butter, zum Servieren

1 Salzwasser in einem großen Topf aufkochen. Makkaroni mit dem Öl darin bissfest kochen. Gut abtropfen lassen und beiseite stellen.

2 Das Bratfett in einer großen Auflaufform zerlassen und vom Herd nehmen.

3 Kartoffeln, Zwiebeln, Nudeln und Käse in die Form schichten, jede Schicht mit Salz und Pfeffer abschmecken. Mit Käse abschließen und mit Sahne begießen.

4 Im vorgeheizten Backofen 25 Minuten bei 200 °C backen, dann die Oberfläche unter dem heißen Backofengrill bräunen.

5 Den Auflauf in der Form servieren und als Hauptgericht mit ofenfrischem Brot und Butter oder als Beilage zu einem Fleischgericht reichen.

Pfannengerührte Gemüsenudeln

Für 4 Personen

400 g Vollkorn-Lumache
1 EL Olivenöl
2 Karotten, in dünnen Scheiben
125 g Babymaiskolben
3 EL Maisöl
2-cm-Stück frische Ingwerwurzel, in dünnen Scheiben
1 große Zwiebel, in dünnen Ringen
1 Knoblauchzehe, in Scheiben
3 Selleriestangen, in Scheiben
je 1 kleine rote und grüne Paprika, entkernt und in Streifen
1 TL Maisstärke
2 EL Wasser
3 EL Sojasauce
3 EL trockener Sherry
1 TL klarer Honig
1 Spritzer Tabasco (nach Belieben)
Salz
rote Paprikastreifen, zum Garnieren

1 Salzwasser in einem großen Topf aufkochen. Die Nudeln darin mit Olivenöl bissfest kochen. Abgießen und warm stellen.

2 Salzwasser in einem großen Topf aufkochen. Karotten und Maiskolben 2 Minuten darin blanchieren. Abgießen, mit kaltem Wasser abschrecken und abtropfen.

3 Das Maisöl im vorgeheizten Wok oder einer großen Pfanne erhitzen. Den Ingwer 1 Minute bei mittlerer Hitze pfannenrühren. Mit dem Schaumlöffel herausnehmen und wegwerfen.

4 Zwiebel, Knoblauch, Sellerie und Paprika im Wok 2 Minuten pfannenrühren. Karotten und Maiskolben zugeben und weitere 2 Minuten pfannenrühren. Die Nudeln unterheben.

4

4

5 Maisstärke und Wasser zu einer glatten Paste verrühren. Sojasauce, Sherry und Honig einrühren. Zu den Nudeln geben und unter gelegentlichem Rühren 2 Minuten kochen. Tabasco einrühren. In eine Servierschüssel geben, garnieren und servieren.

5

Drei-Käse-Makkaroni

Für 4 Personen

600 ml Béchamel-Sauce (s. S. 98)
250 g Makkaroni
1 Ei, verquirlt
150 g frisch geriebener Pecorino
1 EL grobkörniger Senf
2 EL frische Schnittlauchröllchen
Salz und Pfeffer
4 Tomaten, in Scheiben
150 g frisch geriebener Butterkäse
60 g Blauschimmelkäse, zerkleinert
2 EL Sonnenblumenkerne
frische Schnittlauchröllchen, zum Garnieren

1 Die frisch zubereitete Béchamel-Sauce mit Frischhaltefolie abdecken, damit sich keine Haut bildet. Beiseite stellen.

2 Salzwasser in einem großen Topf aufkochen. Die Nudeln darin mit etwas Olivenöl 8–10 Minuten bissfest kochen. Abtropfen lassen und in eine feuerfeste Auflaufform geben.

3 Ei, Pecorino, Senf, Schnittlauch, Salz und Pfeffer unter die Béchamel-Sauce rühren.

4 Die Sauce über die Makkaroni geben. Dann mit einer Schicht aus Tomatenscheiben bedecken.

5 Butterkäse, Blauschimmelkäse und die Sonnenblumenkerne darüber geben. Den Auflauf auf ein Backblech stellen und im vorgeheizten Backofen bei 190 °C 25–30 Minuten garen, bis die oberste Schicht goldbraun und knusprig ist.

6 Mit Schnittlauchröllchen garnieren und sofort servieren.

Nudel-Knoblauch-Salat

Für 4 Personen

1 großer Salatkopf
250 g Penne
8 rote Tafeläpfel
Saft von 4 Zitronen
3 Selleriestangen, in Scheiben
125 g Walnusskerne, halbiert
250 ml Knoblauchmayonnaise
Salz und Pfeffer

TIPP

Beträufelt man geschälte Äpfel mit etwas Zitronensaft, bleiben sie ansehnlicher.

1 Die Salatblätter waschen, abtropfen lassen und mit Küchenpapier trockentupfen. 1 Stunde kalt stellen.

2 In der Zwischenzeit Salzwasser in einem großen Topf aufkochen. Die Nudeln darin mit Olivenöl bissfest kochen. Abgießen und unter fließendem kaltem Wasser abschrecken. Gründlich abtropfen lassen und beiseite stellen.

3 Die Äpfel entkernen, würfeln und in einer kleinen Schüssel mit Zitronensaft beträufeln. Nudeln, Sellerie, Äpfel und Walnüsse mischen, mit der Knoblauchmayonnaise vermengen und mit Salz und Pfeffer abschmecken. Nach Belieben mehr Mayonnaise zugeben.

4 Eine Salatschüssel mit den Salatblättern auslegen, den Nudelsalat hineingeben und servieren.

1

3

3

Nudeltorte mit Champignons

Für 2 Personen

250 g Vermicelli oder Spaghetti
1 EL Olivenöl
1 EL Butter, plus etwas mehr, zum Einfetten
Salz und Pfeffer
Tomaten-Basilikum-Salat, zum Servieren

SAUCE
60 g Butter
1 Zwiebel, gehackt
150 g kleine Champignons, geputzt
1 grüne Paprika, entkernt und in dünne Ringe geschnitten
150 ml Milch
3 Eier, leicht verquirlt
2 EL Crème double
1 TL getrockneter Oregano
1 Prise frisch geriebene Muskatnuss
Pfeffer
1 EL frisch geriebener Parmesan

1 Salzwasser in einem großen Topf aufkochen. Die Nudeln darin mit dem Olivenöl bissfest kochen. Abtropfen lassen, zurück in den Topf geben, Butter zufügen und sorgfältig mischen. Mit Salz und Pfeffer abschmecken.

2 Eine Springform (Ø 20 cm) einfetten, die Nudeln auf dem Boden und am Rand der Form verteilen.

3

3 Für die Sauce die Butter in einer Pfanne zerlassen, Zwiebel darin glasig dünsten, herausnehmen und über den Nudeln verteilen.

4 Champignons und Paprika in die Pfanne geben, gleichmäßig wenden und 2 Minuten von allen Seiten anbraten. Dann ebenfalls in die Form geben und gleichmäßig verstreichen.

4

5 Milch, Eier und Crème double verrühren, Oregano zufügen und mit Muskat und Pfeffer abschmecken. Die Mischung über das Gemüse geben und mit Parmesan bestreuen.

5

6 Die Nudeltorte im vorgeheizten Backofen bei 180 °C 40–45 Minuten backen, bis sie fest ist. Auf einen Servierteller geben und warm mit Tomaten-Basilikum-Salat servieren.

Reisnudeln mit Pilzen & Tofu

Für 4 Personen

220 g breite Reisnudeln

2 EL Öl

1 Knoblauchzehe, fein gehackt

2-cm-Stück frische Ingwerwurzel, fein gehackt

4 Schalotten, in dünnen Ringen

70 g Shiitake-Pilze, in Scheiben

100 g fester Tofu, in 1,5 cm große Würfel geschnitten

2 EL helle Sojasauce

1 EL Reiswein

1 EL thailändische Fischsauce

1 EL Erdnussbutter

1 TL Chilisauce

2 EL geröstete Erdnüsse und Basilikumblätter zum Garnieren

TIPP

Wenn es einmal schnell gehen muss, verwenden Sie statt der frischen Shiitake-Pilze getrocknete, eingeweichte und gut abgetropfte Pilze oder chinesische Strohpilze aus der Dose.

1 Die Reisnudeln in heißem Wasser gemäß Packungsanweisung einweichen. Gut abtropfen lassen.

2 Das Öl in einer Pfanne erhitzen. Knoblauch, Ingwer und Schalotten darin 1–2 Minuten weich braten.

3 Die Pilze zugeben und weitere 2–3 Minuten braten. Den Tofu zugeben und unter Rühren leicht anbraten.

4 Sojasauce, Reiswein, Fischsauce, Erdnussbutter und Chilisauce verrühren. Die Mischung in die Pfanne geben.

5 Die Reisnudeln zufügen und unter die Sauce heben. Mit gehackten Erdnüssen und in Streifen geschnittenen Basilikumblättern bestreuen und heiß servieren.

4

3

5

Scharf-saure Nudeln

Für 4 Personen

250 g Eiernudeln
1 EL Sesamöl
1 EL Chili-Öl
1 Knoblauchzehe, zerdrückt
2 Frühlingszwiebeln, fein gehackt
50 g Champignons, in Scheiben
40 g Shiitake-Pilze, eingeweicht, abgetropft und in Scheiben
2 EL Limettensaft
3 EL helle Sojasauce
1 TL Zucker
Chinakohl, zum Servieren
2 EL frisch gehackte Korianderblätter und 2 EL geröstete Erdnüsse, zum Garnieren

1 Die Nudeln in einem großen Topf mit kochendem Wasser bissfest kochen. Abgießen, in den Topf zurückgeben, mit Sesamöl beträufeln und beiseite stellen.

2 Das Chili-Öl in einem Wok oder einer großen Pfanne erhitzen. Knoblauch, Frühlingszwiebeln und Champignons kurz weich dünsten.

3 Shiitake-Pilze, Limettensaft, Sojasauce und Zucker zugeben und unter Rühren braten, bis die Masse aufkocht. Die Nudeln zugeben und unterheben.

4 Das Gericht auf einem Bett aus Chinakohl anrichten, mit Koriander und Erdnüssen bestreuen und sofort servieren.

TIPP

Thailändisches Chili-Öl ist sehr scharf. Wenn Sie es milder mögen, bereiten Sie das Gericht mit Öl zu und träufeln nur zum Schluss etwas Chili-Öl darüber.

Desserts

Wenn auch Sie bei dem Wort „Pasta" bisher nicht unbedingt an Desserts gedacht haben, dürften Sie auf die folgenden süßen Köstlichkeiten – wie Honig-Pistazien-Nester, Himbeer-Fusilli und Gefüllte Kipferl – gespannt sein. Das Dessert hat bei den Italienern einen hohen Stellenwert, und bei festlichen Anlässen und Familienfeiern wird eine überwältigende Fülle aufwändiger Kuchen und Süßspeisen zubereitet. Als größte Leckermäuler gelten dabei die Sizilianer, aus deren Heimat viele der bekanntesten und verführerischsten italienischen Desserts stammen.

Honig-Pistazien-Nester

Für 4 Personen

250 g Engelshaarnudeln
125 g Butter
200 g geschälte Pistazien, gehackt
125 g Zucker
125 g klarer Honig
200 ml Wasser
2 TL Zitronensaft
griechischer Joghurt, zum Servieren

TIPP

Engelshaarnudeln sind in Italien auch als *Capelli d'angelo* bekannt. Die langen, dünnen Nudeln werden getrocknet in Form von Nestern verkauft.

1 Salzwasser in einem großen Topf aufkochen. Die Nudeln darin bissfest kochen. Abgießen und wieder in den Topf geben. Mit der Butter vermengen. Abkühlen lassen.

2 Auf ein Backblech 4 kleine Flan-Ringe setzen. Die Nudeln in 8 Portionen aufteilen. 4 davon in die Ringe geben und leicht andrücken. Mit der Hälfte der Pistazien bestreuen, dann mit den restlichen 4 Portionen Nudeln bedecken.

3 Im vorgeheizten Backofen 45 Minuten bei 180 °C goldbraun backen.

4 In der Zwischenzeit Zucker, Honig und Wasser in einem Topf bei schwacher Hitze aufkochen und unablässig rühren, bis der Zucker vollständig aufgelöst ist. 10 Minuten köcheln lassen, den Zitronensaft zugießen und weitere 5 Minuten köcheln.

5 Die Pistazien-Nester vorsichtig auf einen Servierteller setzen. Mit dem Honigsirup übergießen, mit den restlichen Pistazien bestreuen und vollständig abkühlen lassen. Mit Joghurt servieren.

2

2

2

Deutscher Nudelpudding

Für 4 Personen

60 g Butter, plus etwas mehr, zum Einfetten
200 g Eier-Bandnudeln
125 g Frischkäse
250 g Hüttenkäse
100 g Puderzucker
2 Eier, leicht verquirlt
125 g saure Sahne
1 TL Vanillearoma
1 Prise gemahlener Zimt
1 TL geriebene Zitronenschale
4 EL Mandelsplitter
2 EL Semmelbrösel

1 Eine feuerfeste Form mit Butter einfetten.

2 Salzwasser in einem großen Topf aufkochen. Die Nudeln darin bissfest kochen, abgießen und zur Seite stellen.

3 Frischkäse, Hüttenkäse und Zucker in einer Rührschüssel verquirlen. Nach und nach die Eier unterziehen und gut verrühren. Saure Sahne, Vanillearoma, Zimt und Zitronenschale

einrühren und mit den Nudeln vermengen. Die Mischung in die Form geben und glatt streichen.

4 Die Butter in einer Pfanne zerlassen. Die Mandeln darin unter ständigem Rühren etwa 1–2 Minuten leicht bräunen. Die Pfanne vom Herd nehmen und die Semmelbrösel einrühren.

5 Die Mandelmischung über den Pudding streuen und 35–40 Minuten im vorgeheizten Backofen bei 180 °C backen. Nach Belieben mit Puderzucker bestäuben und sofort servieren.

Gefüllte Kipferl

Für 4 Personen

TEIG

- 500 g Mehl
- 150 g Butter, plus etwas mehr, zum Einfetten
- 150 g Puderzucker
- 4 Eier
- 25 g Hefe
- 125 ml warme Milch

FÜLLUNG

- 200 g Kastanienpüree
- 60 g Kakaopulver
- 60 g Puderzucker
- 60 g gehackte Mandeln
- 60 g Amaretti-Kekse, zerbröselt
- 150 g Orangenmarmelade

1 Das Mehl für den Teig in eine Rührschüssel sieben, dann mit Butter, Zucker und 3 Eiern verrühren.

2 Hefe und Milch in einer kleinen Schüssel verrühren und unter den Teig mischen.

3 Den Teig 20 Minuten kneten, mit einem sauberen Tuch abdecken und 1 Stunde an einem warmen Ort gehen lassen.

4 Kastanienpüree, Kakaopulver, Zucker, Mandeln, Amaretti und Orangenmarmelade in einer Schüssel mischen.

5 Ein Backblech einfetten. Die Arbeitsfläche leicht mit Mehl bestäuben.

6 Den Teig auf der Arbeitsfläche dünn ausrollen und mit einem glatten Ausstecher 5 cm große Scheiben ausstechen.

7 Je 1 Löffel Füllung auf jede Scheibe geben, dann den Teig in der Mitte einschlagen und die Ränder festdrücken. Mit reichlich Zwischenraum auf dem Backblech verteilen.

8 Das letzte Ei verquirlen und die Kipferl damit rundum bestreichen. 20 Minuten im vorgeheizten Backofen bei 180 °C goldgelb backen.

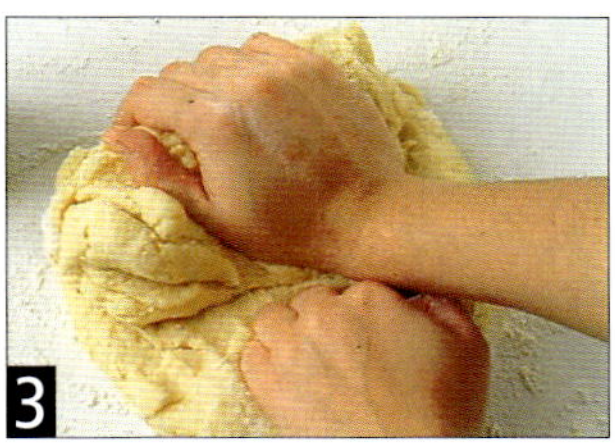

Himbeer-Fusilli

Für 4 Personen

175 g Fusilli

700 g Himbeeren

2 EL Puderzucker

1 EL Zitronensaft

4 EL Mandelsplitter

3 EL Himbeerlikör

VARIATION

Sie können nahezu jede süße, reife Beere für dieses Dessert verwenden. Besonders bieten sich Erdbeeren und Brombeeren zusammen mit den entsprechenden Likören an. Alternativ können Sie auch andere Beeren zu den Nudeln geben und diese mit Himbeersauce übergießen.

1 Salzwasser in einem großen Topf aufkochen. Die Nudeln darin bissfest kochen. Abgießen und wieder in den Topf geben. Zum Abkühlen zur Seite stellen.

2 Ein Drittel der Himbeeren mit einem Löffel durch ein Sieb in eine große Rührschüssel streichen.

3 Himbeerpüree und Zucker in einen kleinen Topf geben und unter gelegentlichem Rühren 5 Minuten köcheln. Den Zitronensaft einrühren, dann beiseite stellen.

4 Die restlichen Himbeeren zu den Fusilli in den Topf geben und gut vermengen. Die Mischung auf einem Servierteller anrichten.

5 Die Mandeln auf einem Backblech verteilen und unter dem Backofengrill goldbraun rösten. Zum Abkühlen kurz zur Seite stellen.

6 Den Himbeerlikör in die Himbeersauce gießen und glatt rühren. Die Sauce über die Fusilli geben, mit Mandeln bestreuen und servieren.

A

B

C

D

E

F

G

H

I/J

K

L

M

N

O

P